Prof. Dr. med. Günther Wolfram
Gabriele E. Vogel

Abwechslungsreiche Diät bei zu hohem Cholesterin-Spiegel

Die Autoren

Prof. Dr. med. Günther Wolfram ist Internist und Ernährungswissenschaftler sowie Inhaber des Lehrstuhls für Ernährungslehre der Technischen Universität München. Seine wissenschaftlichen Interessen liegen unter anderem auf dem Gebiet des Stoffwechsels und der Stoffwechselkrankheiten, insbesondere deren Behandlung mit Diät und Arzneimitteln. Auf diesem Gebiet hat er eine über 30-jährige Erfahrung.

Gabriele E. Vogel arbeitet als ernährungsmedizinische Beraterin am Klinischen Institut für Herzinfarktforschung, Bereich Ernährung, der Medizinischen Universitätsklinik und Poliklinik Heidelberg.

Prof. Dr. med. Günther Wolfram
Gabriele E. Vogel

Abwechslungsreiche Diät bei zu hohem Cholesterin-Spiegel

TRIAS

Die Deutsche Bibliothek – CIP-Einheitsaufnahme
Ein Titeldatensatz für diese Publikation ist bei
Der Deutschen Bibliothek erhältlich.

Dieses Buch wurde in der neuen deutschen Rechtschreibung verfasst.
Gedruckt auf chlorfrei gebleichtem Papier

Konzeption und Projektleitung: Werner Waldmann
Redaktion: Elisabeth Meyer zu Stieghorst-Kastrup
Fooddesign: René Schulte
Korrektur: Karl Beer, Andrew Leslie
DTP: Dr. Katrin Beyer, Karolina Stuhec-Meglic
Illustration: Meret Hagen
Umschlaggestaltung: CYCLUS · Visuelle Kommunikation, Stuttgart
Produktion: WZ Media, Stuttgart
Reproduktion: Digital Data Service Lenhard, Stuttgart
Druck: Westermann Druck, Zwickau
Fotos: Cover: Fabian Silberzahn; im Buch: WZ Media

Rüdigerstraße 14
D-70469 Stuttgart

ISBN 3-89373-560-7

Leserservice

Wenn Sie Fragen oder Anregungen
zu diesem Buch haben, schreiben Sie uns an:

TRIAS Verlag
Postfach 30 11 07, D-70451 Stuttgart

oder schicken Sie eine E-Mail an:
trias.lektorat@thieme.de

Zu diesem Buch

Fettstoffwechselstörungen, auch Hyperlipidämien oder Hyperlipoproteinämien genannt, gehen mit erhöhten Blutfettwerten einher.

Eine üppige Ernährung und insbesondere Fette in der Nahrung erhöhen den Fettgehalt im Blut und dieser steht in enger Beziehung mit der Anreicherung von Fett in der Arterienwand, die als Arterienverkalkung (Arteriosklerose) zu einer Einengung oder gar Verstopfung der Arterien führen kann. Als Herzinfarkt, Durchblutungsstörungen der Beine oder als Schlaganfall kann die Arteriosklerose sehr unangenehme Folgen nach sich ziehen. Wie die Fettstoffwechselstörungen können auch Rauchen, Bluthochdruck, Zuckerkrankheit und Fettsucht die Entstehung einer Arteriosklerose begünstigen. Man spricht von Risikofaktoren, die beseitigt werden müssen, um dem Herzinfarkt vorzubeugen. Mehrere Risikofaktoren bei einer Person erhöhen das Risiko eines Herzinfarktes sehr stark.

Hyperlipidämien sind ein typisches Problem der Wohlstandsgesellschaft. Sie nehmen rasch zu, wenn sich Überernährung und Übergewicht häufen. Bei entsprechender erblicher Veranlagung kommen Hyperlipidämien auch bei Normalgewicht vor. In Deutschland, wie in anderen Ländern Westeuropas und den USA, haben mehr als die Hälfte aller Erwachsenen Cholesterinkonzentrationen im Blut, die über der wünschenswerten Konzentration von 200 mg/100 ml Blut liegen. Einige Arten von Hyperlipidämien lassen sich mit geeigneten Methoden bereits bei Kindern und sogar bei Neugeborenen nachweisen, in den meisten Fällen besteht die Fettstoffwechselstörung jedoch viele Jahre unerkannt. Seit einigen Jahren ist sich die Wissenschaft sicher, dass ein Großteil der Herzinfarkte durch Senkung erhöhter Blutfettspiegel verhütet werden kann. Das gilt auch für die Rückfälle nach einem Herzinfarkt und für das weitere Schicksal nach einer Bypassoperation am Herzen.

Wir sind dem Herzinfarkt gegenüber nicht machtlos. Es gibt Möglichkeiten, diesem „Schicksal" zu entgehen. Die Lebensweise und das Ernährungsverhalten haben hier eine zentrale Bedeutung und dieses Buch weist den Weg zum richtigen Umgang mit diesem Problem.

Auf den folgenden Seiten werden zunächst die Grundlagen der Ernährung bei Fettstoffwechselstörungen geschildert. Der „praktische" Teil beginnt auf Seite 25.

Grundlagen

Was sind Blutfette?

Fette (Lipide) dienen dem Körper als Bausteine oder Energieträger und werden im Blut zu den verschiedenen Organen transportiert. Die meisten Fette werden sowohl durch die Nahrung zugeführt als auch im Körper selbst aufgebaut. Ein bestimmter Fettgehalt des Blutes ist notwendig und normal. Für die hier interessierenden Fettstoffwechselstörungen sind nur zwei Fettstoffe von Bedeutung, und zwar das Cholesterin und die Triglyzeride.

Das Cholesterin, im Reagenzglas eine weiße kristalline Substanz, kommt in der Nahrung immer gemeinsam mit anderen Fetten vor. Besonders cholesterinreich sind Eigelb und Innereien. Cholesterin ist

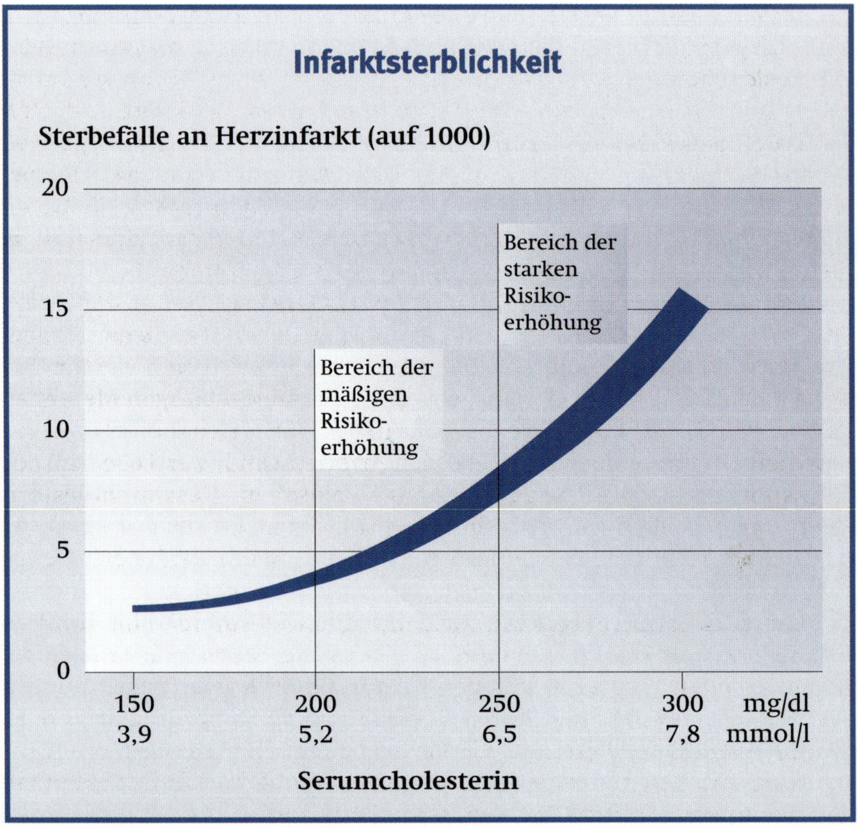

ein unersetzlicher Baustein aller tierischen Zellen und Gewebe. Dementsprechend ist es auch in allen tierischen Lebensmitteln, besonders aber in tierischen Fetten, enthalten.

Das Cholesterin in den Lebensmitteln wird zusammen mit anderen Fetten im Dünndarm aufgenommen und gelangt in die Blutbahn. Obwohl Cholesterin für den Körper notwendig ist, müssen wir es nicht mit der Nahrung aufnehmen. Es kann im Körper selbst hergestellt werden und unser Problem ist das „Zuviel“, nie ein „Zuwenig“ davon. Neben dem Cholesterin in der Nahrung ist auch die Bildung von Cholesterin im Körper, und hier wieder besonders in der Leber, bedeutsam. Auch dieses Cholesterin gelangt ins Blut und kann zu einem erhöhten Blutfettspiegel beitragen.

Erhöhte Cholesterinwerte im Blut begünstigen die Entstehung von Cholesterinablagerungen an der Arterienwand mit Einengung der Gefäßlichtung und einem Anstieg des Risikos für einen Herzinfarkt. Sehr große Bevölkerungsstudien haben diesen Zusammenhang nachgewiesen (siehe Abb. auf S. 10).

Im Blut wird Cholesterin, gemeinsam mit anderen Fetten und von Eiweiß getragen, in so genannten Lipoproteinen transportiert. Man kann sich diesen Vorgang so vorstellen, dass Eiweiß das Cholesterin einhüllt und im Blutplasma löslich und transportfähig macht. Auf diese Weise ist beispielsweise auch das Fett in der Milch gelöst. Ein größerer Teil der Lipoproteine transportiert Cholesterin aus der Leber zu den Organen und Zellen des Körpers (Low-density-Lipoproteine, LDL), ein kleinerer Teil bringt es von dort zur Leber zurück und bewirkt damit die Ausscheidung aus dem Körper (High-density-Lipoproteine, HDL).

Nur die LDL sind, in zu großer Menge im Blut, gefährlich, da sie Cholesterinablagerungen an der Arterienwand verursachen. Sie bestimmen in erster Linie den Gesamtcholesterinwert im Blut. Hohe Werte für HDL-Cholesterin, z. B. bei Nichtrauchern und normalgewichtigen Menschen, die regelmäßig Sport treiben, sind dagegen günstig, da sie Cholesterin aus den Organen, aber auch aus der Arterienwand, zur Leber zurücktransportieren. Die Zusammenhänge zwischen Gesamtcholesterin (ungünstig) und HDL-Cholesterin (günstig) einerseits und dem Risiko eines Herzinfarkts andererseits sind in der Tabelle auf Seite 12 dargestellt.

Ein über längere Zeit erhöhtes LDL-Cholesterin im Blut führt zu einem vermehrten Eindringen der cholesterinreichen LDL in die Wand der Blutgefäße. Im Lauf von Jahren bewirkt dies eine Einengung der Gefäßlichtung (Arteriosklerose), ähnlich wie die Veränderungen an der Wand einer Wasserleitung bei kalkhaltigem Wasser. Der Blutdurchfluss wird behindert. Er reicht anfangs in Ruhe noch aus, bei körperlicher Belastung und vermehrtem Bedarf an Sauerstoff werden jedoch lebens-

Inzidenz von Koronarkrankheit[1]

Gesamtcholesterin (mg/dl)	HDL-Cholesterin (mg/dl) <40	40–50	>50	alle
<220	100	40	20	50
220–269	170	110	70	110
≥270	240	170	100	170
alle	160	80	60	100

1) Myokardinfarkt und Herztod pro 1000 in 10 Jahren

wichtige Organe nicht mehr ausreichend mit Sauerstoff versorgt. Es kommt zu Schmerzen und schließlich zum Gewebsuntergang.

Die Triglyzeride sind Fette im engeren Sinne, also Öle, Brat-, Back- und Streichfette, Fett am und im Fleisch, in der Wurst, in der Milch und in Molkereiprodukten. Nicht zuletzt bestehen auch die unerwünschten Fettpolster bei Übergewicht fast ausschließlich aus Triglyzeriden.

Auch Triglyzeride werden sowohl mit der Nahrung aufgenommen als auch im Körper selbst aufgebaut. Die Nahrungstriglyzeride (durchschnittliche Zufuhr in der Bundesrepublik pro Person und Tag über 100 g) werden im Dünndarm verdaut und gelangen über die Lymphe in die Blutbahn. Dort werden sie den Energie verbrauchenden Geweben, z. B. der Muskulatur, zugeführt, oder aber als Überschuss im Fettgewebe gespeichert. Nach einer fettreichen Mahlzeit sind die Triglyzeridspiegel im Blut erhöht, umso stärker und länger, je fetthaltiger die Mahlzeit war. Körpereigene Triglyzeride werden dann in größeren Mengen produziert, wenn die Nahrungszufuhr den Energiebedarf des Körpers übersteigt. Dann wird auch Zucker zur Fettbildung eingesetzt. Süßigkeiten machen dick und erhöhen die Blutfettspiegel.

Bei ausgeglichener Energiebilanz – durch knappe Nahrungszufuhr und ausreichende körperliche Aktivität in Beruf und Freizeit – sind die Triglyzeridspiegel meist niedrig, der Fettgehalt des Körpers ist gering.

Hyperlipidämien

Als Hyperlipidämien bezeichnet man erhöhte Konzentrationen einer oder beider Fettarten im Blut. Blutfette können als Folge bestimmter Krankheiten der Leber, der Nieren, der Schilddrüse und bei der Zuckerkrankheit erhöht sein. Hyperlipidämien können auch durch Medikamente wie die „Pille“ oder Kortisonpräparate oder durch übermäßigen

Alkoholkonsum verursacht werden. Man spricht in diesen Fällen von sekundären Hyperlipidämien. Bei den primären Hyperlipidämien liegt eine erbliche Anlage zu dieser Fettstoffwechselstörung vor und nicht selten ist eine familiäre Häufung nachweisbar. In vielen Fällen hat eine lang andauernde Vermehrung der Blutfette bereits Durchblutungsstörungen als Zeichen einer Arteriosklerose verursacht.

Während der Arzt mehrere Arten von primären Hyperlipidämien unterscheidet, lässt sich für die Ernährungsbehandlung von Fettstoffwechselstörungen eine einfache Einteilung dadurch treffen, dass man Hyperlipidämien mit erhöhtem Cholesterin, Hyperlipidämien mit erhöhten Triglyzeriden und schließlich solche mit einer Vermehrung beider Fettarten im Blut (= kombinierte Hyperlipidämie) unterscheidet. Sind Triglyzeride vermehrt, bestehen nochmals zwei Möglichkeiten, die einzeln oder in Kombination vorliegen können: exogene Hypertriglyzeridämie (das im Blut vermehrte Fett stammt aus dem Nahrungsfett) und endogene Hypertriglyzeridämie (das im Blut vermehrte Fett stammt aus der Leber). Ihr Arzt hat bei Ihnen aufgrund der vermehrten Blutfette, die Diagnose „Hypercholesterinämie" und/oder „Hypertriglyzeridämie" gestellt und wahrscheinlich auch das „HDL-Cholesterin" gemessen. Hyperlipidämien begünstigen die Entwicklung einer Arteriosklerose, weil erhöhte cholesterinreiche LDL vermehrt in der Gefäßwand abgelagert werden. Hyperlipidämien sind dann besonders gefährlich, wenn die bereits weiter oben erwähnten HDL – also Lipoproteine, die Cholesterin aus der Wand der Blutgefäße wieder herauslösen können – in zu geringer Menge vorhanden sind. Niedrige HDL finden sich häufig als Folge von Übergewicht, Rauchen und geringer körperlicher Aktivität.

Ab welchen Konzentrationen ist zu viel Fett im Blut? Nach einer Übereinkunft europäischer Arterioskleroseforscher liegen wünschenswerte Blutfettspiegel bei folgenden Werten (siehe Tabelle):

Wünschenswerte Blutfettspiegel

Blutfett	Risikofaktoren	
	keine[1]	vorhanden[2]
Cholesterin (mg/dl)	<200–215	>200
Triglyzeride (mg/dl)	<200	<200
LDL-Cholesterin (mg/dl)	<160	<130

1) ohne weitere Risikofaktoren wie Rauchen, Bluthochdruck, Diabetes oder niedriges HDL-Cholesterin (<40 mg/dl)
2) mit einem weiteren ausgeprägten oder mit mehreren Risikofaktoren, bei jugendlichem Alter oder bereits vorliegenden Durchblutungsstörungen am Herzen, auch Zustand nach Bypassoperation

Bei den meisten Menschen mit erhöhten Blutfetten genügt eine konsequente Änderung der Lebensweise und insbesondere der Ernährung zur Normalisierung der Blutfette. Bei einem Teil der Patienten werden zusätzlich zur Umstellung von Ernährung und Lebensweise Medikamente erforderlich, die den Aufbau und Abbau von Cholesterin bzw. von Triglyzeriden im Körper beeinflussen. Die Entscheidung für eine Arzneimitteltherapie und die Dauer der Behandlung sollte in Gesprächen mit Ihrem Arzt getroffen werden.

Die richtige Lebensweise

Biologische Vorgänge bestimmen unser Leben und die richtige Lebensweise muss sich den biologischen Rhythmen anpassen. Ein harmonisches Gleichgewicht zwischen Arbeit und Erholung ist eine wichtige Voraussetzung für die notwendige Regeneration des Körpers und vor allem von Herz und Kreislauf.

Zu einer vernünftigen Lebensweise gehört auch ein ausreichend langer, erholsamer Schlaf. Konstante Zeiten im Tage-Nacht-Rhythmus sind eine wichtige Voraussetzung dafür. Mit zunehmendem Alter fällt es dem Menschen schwer, mit unregelmäßigen Tagesrhythmen fertig zu werden.

Patienten mit Fettstoffwechselstörungen haben ein erhöhtes Risiko für Arteriosklerose. Bei ihnen ist es besonders wichtig, dem Kreislaufsystem ausreichend Zeit für diese Regeneration zu gönnen. Anhaltender Stress lässt den Blutdruck ansteigen und belastet den Kreislauf und damit auch die Arterien. Stressbelastungen sind im Alltag und Beruf unvermeidlich, sie können aber durch regelmäßige und ausreichende Erholungsphasen abgefedert werden.

Vernünftige körperliche Aktivität hält Herz und Kreislauf im Training und stabilisiert den Stoffwechsel. Gerade bei Stoffwechselstörungen bewirkt eine vermehrte körperliche Bewegung einen rascheren Abbau der Blutfette und dadurch eine Absenkung der Fettspiegel im Blut. Ausdauersportarten, bei denen große Muskelgruppen aktiviert werden, sind am besten geeignet, um den Kreislauf und den Stoffwechsel zu trainieren. Radfahren, Schwimmen, Skilanglauf, Rudern oder auch nur Wandern erlauben eine individuelle Dosierung der körperlichen Anstrengung und vermeiden eine gefährliche einseitige Belastung von Gelenken oder Sehnen. Wettkampfsportarten sind weniger geeignet, da sie meist in eine Konkurrenzsituation ausarten und zum Übertreiben verleiten.

Der Ungeübte sollte nach Rücksprache mit dem Arzt das Training langsam beginnen. Pro Woche zweimal eine halbe Stunde bei gemächlichem Tempo sind genug. Mit zunehmender Leistungsfähigkeit kann man Häufigkeit und Dauer dieser Trainingseinheiten steigern.

Regelmäßiger und ausreichend langer Urlaub ist für Patienten mit einem erhöhten Herz-Kreislauf-Risiko eine wichtige vorsorgliche Maßnahme. Die positiven Wirkungen beruhen nicht allein auf der Erholung des Körpers und der Organe, sondern auch auf der Regeneration der geistigen Kräfte und der Harmonie der Seele. Urlaub sollte deshalb nicht zu einem Reisemarathon ausarten, sondern erlauben, unter Veränderungen von Aufenthaltsort, Tagesablauf und Lebensrhythmus die Seele baumeln zu lassen.

Alkohol ist ein Genussmittel und kann vom gesunden Menschen in vernünftigen Mengen genossen werden. Ein oder zwei normale Portionen Alkohol am Tag (ein Glas Bier, ein Glas Wein oder ein Glas Aperitif) bremsen sogar die Arteriosklerose. Größere Mengen an Alkohol wirken sich allerdings negativ aus, vor allem schädigen sie die Leber und andere Organe und begünstigen die Entstehung von Krebs. Auch das Suchtpotenzial von Alkohol darf man nicht außer Acht lassen. Patienten mit Leberkrankheiten und/oder Hypertriglyzeridämie sollten Alkohol allerdings meiden.

Rauchen verstärkt die negativen Wirkungen erhöhter Blutfette auf die Gefäßwand und beschleunigt damit die Entstehung einer Arteriosklerose. Darüber hinaus erhöht Rauchen das Risiko für Lungenkrebs. Patienten mit einer Fettstoffwechselstörung sollten deshalb das Rauchen einstellen bzw. keinesfalls mit dem Rauchen beginnen.

Zur Ernährung des Menschen

Der Körper benötigt Baustoffe für Wachstum und Erhaltung der Körpersubstanz sowie Energie für diese Vorgänge und für körperliche Aktivität. Beide werden durch die Nahrung geliefert.

Eiweiß ist ein wichtiger Baustoff. Die Bedeutung einer ausreichenden Eiweißzufuhr im Wachstumsalter liegt auf der Hand, da ständig neue Körpersubstanz gebildet werden muss. Jedoch braucht auch der Erwachsene Eiweiß, da sein Körper dauernd umgebaut und erneuert wird. Eiweißlieferanten sind tierische Lebensmittel wie Fisch, Geflügel, Fleisch, Milch, Käse, Eier und pflanzliche Lebensmittel wie Vollkornbrot, Getreideprodukte, Hülsenfrüchte und Kartoffeln. Pflanzliche Lebensmittel sind wegen ihres geringen Fettgehalts zu bevorzugen.

Fette und Kohlenhydrate sind Energieträger. Sie können einander bezüglich dieser Funktion weitgehend ersetzen. Neben der für die Funktionen des Körpers bei Ruhe erforderlichen Energie (Grundumsatz) wird für zusätzliche Leistungen mehr Energie benötigt (Leistungsbedarf), also bei Schwerarbeit viel und bei der (heute üblichen) Leichtarbeit weniger. Nicht verbrauchte Energie wird im Fettgewebe gespeichert. Nahrungsfett kann direkt abgelagert werden, Kohlenhydrate werden bevorzugt als Energiequelle verwertet und erst bei sehr hoher Zufuhr in Fett umgebaut und abgelagert.

Fette liefern Energie in konzentrierter Form, 1 g Fett doppelt so viel wie 1 g Kohlenhydrate. Fette enthalten auch Vitamine und so genannte „essenzielle" Fettsäuren, die der Körper nicht selbst aufbauen kann. Fettlieferanten sind fettes Fleisch und fettreiche Fleischprodukte, fettreiche Molkereiprodukte einschließlich Käse und Speiseeis. Selbstverständlich gehören hierher auch Streich-, Back- und Kochfette. Häufig unterschätzt wird der Fettgehalt von Backwaren.

Kohlenhydrate liefern ungefähr die Hälfte der täglich zugeführten Energiemenge. Viele kohlenhydrathaltige Lebensmittel enthalten außerdem wichtige Mineralstoffe und Vitamine. Kohlenhydrate liegen in Kartoffeln, Brot und Getreideprodukten, Teigwaren und Reis als Stärke vor. Zuckerreich sind Süßwaren und viele nichtalkoholische Getränke. Der Kohlenhydratgehalt von Obst ist meist gering; noch geringer ist der von Gemüse. Sie sind dagegen reich an Vitaminen und Mineralstoffen. Mineralstoffe wie Kalzium und Kochsalz dienen zum Teil als Baustoffe, zum Teil werden sie für den Ablauf von Körperfunktionen (wie zum Beispiel der Muskelarbeit) und der meisten chemischen Reaktionen benötigt.

Vitamine wirken regulierend auf viele Stoffwechselvorgänge im Körper und steuern deren normalen Ablauf. Mineralstoffe dienen als Baustoffe oder Aktivatoren von Stoffwechselvorgängen. Mineralstoffe und Vitamine liefern keine Energie.

Einzelne Lebensmittel enthalten fast immer mehrere bis viele der genannten Baustoffe und Energieträger, Mineralstoffe und Vitamine.

Eine gemischte Kost ist die beste Garantie für eine ausreichende Versorgung mit der notwendigen Energie und allen essenziellen Nährstoffen; umgekehrt kann „eintönige", fantasielose Ernährung zu Mangelerscheinungen führen. Energie in reiner Form ohne begleitende Baustoffe und Vitamine wird durch Zucker und viele Fette bzw. durch Süßwaren bereitgestellt. Dies kann, beim hohen Energiebedarf eines Schwerarbeiters, von Vorteil sein. Andererseits können bei überwiegend sitzender Tätigkeit und bei Übergewicht durch Weglassen dieser Lebensmittel Kalorien eingespart werden, ohne dass die Versorgung mit Baustoffen oder Vitaminen und Mineralstoffen Schaden leidet.

Die Tabelle auf der folgenden Seite zeigt schematisch den Gehalt der wichtigsten Lebensmittel an Baustoffen und Energieträgern, Mineralien und Vitaminen. Die Anzahl der Kreuze weist auf den unterschiedlichen Gehalt an Eiweiß, Fett, Kohlenhydraten, Vitaminen und Mineralstoffen

Zusammensetzung von Lebensmitteln

Lebensmittel	Eiweiß	Fett	Kohlenhydrate	Ballaststoffe	Mineralstoffe	Vitamine
Brot, Kartoffeln	•	-	••	••	•	•
Reis, Teigwaren	•	-	••	•	+	+
Gemüse, Obst	-	-	•	••	••	••
Milch, Milchprodukte	••	•	+	-	•	+
Fisch, Wild, Geflügel	••	•	+	-	•	•
Fleisch, Wurst, Eier	•	••	+	-	•	•
Fett (Streich-, Koch-, Backfett)	-	••	-	-	-	+
Säfte	+	-	••	+	•	•
Limonade, Cola	-	-	••	-	-	-
Zucker	-	-	••	-	-	-
Süßwaren	-	•	••	-	-	-
Backwaren	+	••	••	•	+	+

•• Nährstoff ist reichlich vorhanden / • Nährstoff ist vorhanden / + Nährstoff ist in Spuren vorhanden / - Nährstoff ist nicht vorhanden

hin. Genaue Angaben finden sich in Nährstofftabellen, z. B. der kleinen Nährwerttabelle der Deutschen Gesellschaft für Ernährung (DGE).

Ernährung bei Fettstoffwechselstörungen

Die Ernährung bei erhöhten Blutfetten beruht auf der Umsetzung einiger weniger Regeln, die je nach Vorliegen einer Hypercholesterinämie und/oder Hypertriglyzeridämie unterschiedliches Gewicht haben. Die Prinzipien lauten:

- Normalisierung des Gewichts durch Kontrolle der Energiezufuhr.
- Einschränkung des Verzehrs gesättigter Nahrungsfette, die zum Teil durch einfach oder mehrfach ungesättigte Fettsäuren ersetzt werden können.
- Verminderte Zufuhr von Nahrungscholesterin.
- Beschränkung des Zuckerverzehrs.
- Einschränkung des Konsums alkoholischer Getränke.
- Bevorzugung ballaststoffreicher Lebensmittel.

Diese Art der Ernährung wird vielfach als „vernünftige" Ernährung auch Gesunden empfohlen.

Energiezufuhr

Überernährung ist einer der wichtigsten Faktoren, der die Entstehung der heute so häufigen Hyperlipidämien fördert. Eine Einschränkung der Energiezufuhr bei Übergewicht ist deshalb die wichtigste Maßnahme nicht nur bei vermehrten Fettpolstern, sondern auch bei erhöhten Blutfettspiegeln, besonders bei erhöhten Triglyzeriden im Blut.

Was ist Energie?

Eine Kilokalorie (kcal), oder als neuere Maßeinheit ein Kilojoule (kJ), gibt die in den Lebensmitteln enthaltene Energie bzw. den „Nährwert" an. So enthalten z. B. (gerundete Werte)

- 1 g Fett: 9 kcal = 38 kJ
- 1 g Kohlenhydrate: 4 kcal = 17 kJ
- 1 g Eiweiß: 4 kcal = 17 kJ
- 1 g Alkohol: 7 kcal = 30 kJ

Bezüglich ihres Energiegehalts können sich, wie erwähnt, die drei Hauptnährstoffe gegenseitig ersetzen, obwohl in der Praxis dieser Austausch im Wesentlichen für Fett und Kohlenhydrate gilt. Eiweiß wird selten in zu großer Menge aufgenommen und dient hauptsächlich als Baustein. Fett und Zucker machen gleichermaßen dick, wenn sie im Übermaß zugeführt werden, Fett allerdings im Vergleich zum Zucker doppelt so schnell. In Lebensmitteln sind Fett und Zucker außerdem häufig gemeinsam enthalten (Süßigkeiten wie Schokoladen oder süße Backwaren).

Eine ausgeglichene Energiebilanz, d. h. ein Gleichgewicht zwischen der Energiezufuhr mit der Nahrung und dem Energieverbrauch für Stoffwechsel und körperliche Aktivität, ist die Voraussetzung für ein normales Körpergewicht. Wer mehr isst, als er täglich verbraucht, nimmt an Körpergewicht zu. Körperbau und Geschlecht haben Einfluss auf das Körpergewicht. Diese Unterschiede sind zwar für wissenschaftliche Fragestellungen wichtig, erfordern jedoch komplizierte Berechnungen, deren Vorteil für die praktische Ernährung in keinem Verhältnis zum Aufwand steht. Das Sollgewicht des Menschen wird deshalb unabhängig vom Körperbau wie folgt berechnet:

Körpergröße in cm minus 100 entspricht Sollgewicht in kg.

Ein Mensch mit 170 cm Körpergröße sollte deshalb nicht mehr als 70 kg wiegen. Wird dieses Gewicht um 10 % überschritten, spricht man von Übergewicht, wird es um 20 % überschritten, von Fettsucht.

In der Wissenschaft verwendet man den Körpermasse-Index (Body-mass-Index = BMI) zur Einteilung des Körpergewichts. Seine Berechnung lautet:

$$\text{BMI} = \frac{\text{Gewicht}}{(\text{Größe})^2} = \frac{96\text{ kg}}{3{,}17\text{ m}^2} = 30{,}3\text{ kg/m}^2$$

Gewicht (kg) = 96 kg
Größe (m^2) = $(1{,}78\text{ m})^2 = 3{,}17\text{ m}^2$

Bis zu einem BMI von 24,9 besteht bei Frauen und Männern ein normales Körpergewicht, bis BMI 29,9 spricht man von Übergewicht, ab BMI 30 von Fettsucht.

Neben dem absoluten Körpergewicht ist für die Beurteilung des Risikos von Übergewicht auch die Verteilung des Fettgewebes am Körper wichtig, da Fettgewebe am Bauch einen anderen Stoffwechsel hat als das an den Hüften. Wenn die Fettpolster vorwiegend am Bauch (man spricht vom Apfeltyp) sitzen, ist das Risiko für Stoffwechselstörungen wie Hyperlipidämie deutlich größer, als wenn die Fettpolster an Hüften und Gesäß (man spricht vom Birnentyp) sitzen. Ist der Taillenumfang größer als der Hüftumfang, spricht man vom „Apfeltyp" und eine Gewichtsreduktion muss energisch angestrebt werden.

Der Energiebedarf richtet sich bei normalem Körpergewicht nach der Körpergröße und der körperlichen Tätigkeit und ist für Leichtarbeiter in Tabelle unten angegeben. Bei Übergewicht sollen zur Gewichtsreduktion 1500 kcal (6300 kJ) pro Tag nicht überschritten werden. Häufig lassen sich mit etwas Mitdenken große Energiemengen einsparen, wie die Tabelle auf der folgenden Seite zeigt.

Bei Übergewicht bewirkt bereits eine Gewichtsabnahme von wenigen Kilogramm eine wirksame Unterstützung der weiteren Diätmaßnahmen. Erhöhte Triglyzeridspiegel sinken allein durch Gewichtsabnahme, vermehrtes LDL-Cholesterin wird bei gleichzeitiger Gewichtsabnahme durch die weiteren Diätmaßnahmen stärker gesenkt als ohne

Empfehlenswerte Energiezufuhr

Alter	Energierzufuhr (kcal/kJ pro Tag)[1]	
	männlich	weiblich
19–24 Jahre	2500/10 600	1900/8100
25–50 Jahre	2400/10 200	1900/7900
51–64 Jahre	2200/9300	1800/7400
65 Jahre und älter	2000/8200	1600/6900

1) empfehlenswerte Energiezufuhr bei vorwiegend sitzender Tätigkeit

Die „Anstatt"-Tabelle

Lebensmittel	Gewicht (g)	Menge	energie*reich*	kcal	energie*arm*	kcal
Suppe	150	1 Tasse	Tomatencreme-suppe	70	Brühe mit Gemüseeinlage	20
Fisch	150	1 Port.	Räucheraal	550	Kabeljaufilet	120
Fleisch	150	1 Port.	Schweinekotelett, natur	460	Schweine-schnitzel, natur	250
Wurst	150	1 St.	Bratwurst	550	Hähnchenschlegel	180
	30	1 Port.	Salami	165	Lachsschinken	40
	30	1 Port.	Mettwurst	160	deutsches Corned Beef	45
Milchprodukte	250	1/4 l	Vollmilch	165	Buttermilch, 0,3 %	90
	50	1 Ecke	Camembert, 50 % F. i. Tr.	165	Camembert, 30 % F. i. Tr.	110
	50	2 EL	Sahnequark, 40 % F. i. Tr.	85	Speisequark, Magerstufe	45
Gemüse	200	1 Port.	Erbsen, grün	185	Blumenkohl	55
Obst	300	1 Port.	Weintrauben	210	Pampelmuse	70
Kartoffeln	200	1 Port.	Pommes frites	440	Pellkartoffeln	170
Teigwaren	100	1 Port.	Nudeln	390	Pellkartoffeln	170
Streichfett	20	1 Port.	Butter/Margarine	150	Milchhalbfett/ Halbfettmargarine	75
Kuchen	120	1 St.	Sahnetorte	420	Obstkuchen (Hefeteig)	210
Getränke	250	1/4 l	Traubensaft	185	Tee mit Zitrone	–
	250	1/4 l	Wein	175	Mineralwasser	–
Knabbereien	50		Erdnüsse	315	Gewürzgurke, 1 St.	10

Gewichtsabnahme. Der konsequente Abbau von Übergewicht ist schließlich die wirksamste Maßnahme, um erniedrigtes HDL-Cholesterin anzuheben.

Der vermehrte Energiebedarf bei körperlicher Tätigkeit sollte weder über- noch unterschätzt werden. Durch vermehrte körperliche Tätigkeit sind drastische Gewichtsabnahmen nicht möglich, da ein Kilogramm Körpergewicht etwa 6000 kcal (25 000 kJ) entspricht (siehe Tabelle auf folgender Seite).

Bei der Langzeitregulation des Körpergewichts spielt jedoch regelmäßige körperliche Bewegung eine entscheidende Rolle, zumal die erhöhte Energieabgabe durch Bewegung noch viele Stunden nach einer „Trainingseinheit" fortdauert. Vermehrte körperliche Aktivität bewirkt auch einen Anstieg des günstigen HDL-Cholesterins.

Energieverbrauch

körperliche Tätigkeit	Energieverbrauch[1] kcal	kJ	entspricht	
Schlafen	70	293	1	Ei
Hausarbeit, leicht	155	640	75 g	Eiscreme
Putzarbeiten	210	880	$^{1}/_{2}$ l	Bier
Gehen	120	495	30 g	Bergkäse
Radfahren, 10 km/h	170	710	$^{1}/_{4}$ l	Weißwein, leicht
Radfahren, 20 km/h	470	1970	120 g	Torte, Schokosahne
Tischtennis	320	1325	150 g	Pommes frites
Brustschwimmen, 20 m/min	270	1120	70 g	Sandkuchen
Brustschwimmen, 50 m/min	671	2802	125 g	Schokolade
Tanzen	300	1270	100 g	Geflügelsalat
Langlauf, 12 km/h	670	2805	100 g	Erdnüsse

1) pro Stunde

Fettverzehr

Fette sind, wie erwähnt, wichtige Energieträger für Pflanze und Tier und demnach auch in den meisten Lebensmitteln enthalten. Die im Fett gespeicherte Energie des Körpers steht zur Verfügung, wenn keine Gelegenheit zur Nahrungsaufnahme besteht (Fasten).

Nahrungsfett erfüllt neben seiner Aufgabe als Kalorienträger eine wichtige Funktion bei der Regulation der Blutfettspiegel. Triglyzeridspiegel im Blut zeigen wegen des unterschiedlichen Fettgehalts der Mahlzeiten im Tagesverlauf ausgeprägte Schwankungen. Über den ganzen Tag gemessene Triglyzeridspiegel sind deshalb im Allgemeinen bei fettarmen Kostformen niedriger als bei fettreichen.

Cholesterinspiegel reagieren auf Menge und Art der Nahrungsfette: Gesättigte Fettsäuren erhöhen den Cholesterinspiegel in reproduzierbarer Weise. Aufgrund des Verhältnisses von ungesättigten Fettsäuren zu gesättigten kann sogar das Ausmaß der Cholesterinspiegelveränderungen vorausberechnet werden. 1 g gesättigte Fettsäuren erhöht den Cholesterinspiegel um den Betrag, um den ihn 2 g mehrfach ungesättigte Fettsäuren senken können. Gesättigte Fettsäuren sind vor allem in tierischen Lebensmitteln enthalten, aber auch in gehärteten Pflanzenfetten wie Kokosfett, Palmkernfett oder Erdnussfett. Besonders ungünstig sind so genannte Transfettsäuren, z. B. in Pommes frites oder Blätterteig, die LDL-Cholesterin anheben und zusätzlich HDL-Cholesterin senken.

Mehrfach ungesättigte Fettsäuren sind Fettsäuren, bei denen gegenüber gesättigten Fettsäuren einige Wasserstoffatome fehlen (sie sind also bezüglich des Wasserstoffs ungesättigt) und durch Doppelbindungen ersetzt sind. Ein wichtiger Vertreter ist die Linolsäure. Neben pflanzlichen Ölen wie Sonnenblumenöl, Maiskeimöl, Sojaöl und daraus hergestellten Produkten sind auch Fischfette und mit Einschränkung Geflügelfette reich an mehrfach ungesättigten Fettsäuren. Derartige Fette senken vorwiegend Cholesterin-, aber auch Triglyzeridwerte im Blut. Die Tabelle unten zeigt die Fettsäurezusammensetzung von häufig verwendeten Koch- und Streichfetten.

Einfach ungesättigte Fettsäuren, z. B. in Olivenöl, die typisch für die italienische oder griechische Küche sind, senken ebenfalls die Cholesterinwerte im Blut.

Die mehrfach ungesättigten Fettsäuren der Nahrung wirken nicht nur über eine Senkung von erhöhten Blutfetten gegen die Arteriosklerose, sondern auch über aus ihnen gebildete Gewebshormone, welche die Gefäße weitstellen, den Blutdruck absenken und die Bildung von Blutpfropfen und einen Verschluss der Gefäße verhindern. Die so genannten Fischölfettsäuren, als Vorstufen auch in Raps-, Soja- oder Walnussöl enthalten, sind hier besonders wirksam.

Fettsäuren in Nahrungsfetten

Fettsäuren	gesättigte (%)			einfach ungesättigte (%)	mehrfach ungesättigte (%)				
	>12:0	12:0–16:0	18:0	16:1+18:1	ω-6 18:2	ω-6 20:4	ω-3 18:3	ω-3 20:5+ 22:6	sonstige
Butter	9	42	13	31	2	-	2	-	2
Schweinefett	-	26	14	48	9	2	1	-	-
Gänsefett	-	22	6	60	10	-	1	-	1
Hühnerfett	-	20	7	50	22	-	1	-	-
Hühnerei	-	25	8	51	14	1	1	-	1
Forelle	-	20	4	27	12	1	+	27	9[1]
Hering	-	18	1	18	1	+	+	17	45[1]
Lachs	-	19	3	29	3	2	4	22	18[1]
Kokosfett	14	74	3	7	2	-	-	-	-
Olivenöl	-	11	3	77	8	-	1	-	-
Maiskeimöl	-	11	2	30	55	-	1	-	1
Sonnenblumenöl	-	6	5	22	66	-	1	-	-
Distelöl	-	6	3	12	78	-	+	-	1
Sojaöl	-	10	4	22	56	-	8	-	-
Weizenkeimöl	-	17	1	16	57	-	8	-	1
Rapsöl	-	6	1	58	26	-	9	-	-
Walnussöl	-	7	2	17	60	-	14	-	-
Leinöl	-	6	4	19	15	-	56	-	-

1) vorwiegend 20:1 und 22:1

Nahrungscholesterin

Cholesterin ist in Lebensmitteln tierischer Herkunft enthalten. In besonders großen Mengen findet man es in Eigelb und Innereien. Die Menge des durch die Nahrung zugeführten Cholesterins erhöht den Cholesterinspiegel nicht so stark wie die gesättigten Fettsäuren dies tun.

Zur Zufuhr von gesättigten Fetten tragen bei den in Deutschland üblichen Verzehrgewohnheiten die verschiedenen Lebensmittel wie folgt bei: Fleisch und Wurst 40–50 %, Butter 15 %, sonstige Koch- und Streichfette 15 %. Cholesterin wird zu 40–50 % mit Fleisch und Wurst, zu 30 % mit Eiern und zu 8 % mit Butter zugeführt. Die Verminderung des Verzehrs von (gesättigten) Fetten und von Cholesterin wird deshalb am wirksamsten durch eine Einschränkung des Konsums von Fleisch- und Wurstwaren sowie Eiern erreicht.

Zuckerverzehr

Zucker ist ein Kohlenhydrat ohne Vitamine und Mineralstoffe und wird deshalb als „leeres" Kohlenhydrat bezeichnet. Andere kohlenhydrathaltige Lebensmittel, die wie z. B. Vollkornprodukte, Kartoffeln oder Gemüse vor allem Stärke und Ballaststoffe enthalten, sind nicht zuletzt wegen der ebenfalls darin enthaltenen Vitamine und Mineralstoffe wichtigere Bestandteile unserer Ernährung. Kohlenhydrate, die wir über den individuellen Energiebedarf hinaus aufnehmen, werden im Körper zu Fett umgebaut. Kohlenhydrate machen dann dick.

Bei sehr hoher Kohlenhydratzufuhr können die Triglyzeridspiegel im Blut ansteigen (kohlenhydratinduzierte Lipämie), sodass derartige Kostformen unerwünscht sind. In der Praxis lassen sich die Nachteile einer zu hohen Kohlenhydratzufuhr durch eine Einschränkung des Verzehrs von Zucker und zuckerhaltigen Lebensmitteln vermeiden. Hier gelten dieselben Diätmaßnahmen wie bei der Zuckerkrankheit. Zu wenig beachtet wird häufig der Zuckergehalt süßer Getränke.

Alkoholische Getränke

Die Bedeutung von Alkohol für die Kalorienzufuhr wird im Allgemeinen erheblich unterschätzt. Laut Ernährungsbericht liefert Alkohol bei Männern durchschnittlich 8–9 % der Kalorien bzw. deckt pro Jahr den Energiebedarf eines ganzen Monats. Der Konsum alkoholhaltiger Getränke trägt daher in nicht unerheblichem Maße zur Häufigkeit von Übergewicht bei und ist insofern ein wichtiger Faktor bei der Entstehung von erhöhten Blutfettspiegeln. Ein Liter Bier bzw. Wein liefert $^1/_4$–$^1/_3$ des gesamten Energiebedarfs für einen Tag!

Alkohol wird besonders leicht in Fett umgewandelt und stört die Fettverwertung im Körper. Neben seiner Rolle als Kalorienlieferant wirkt Alkohol aufgrund spezieller Mechanismen zusätzlich triglyzeriderhöhend. Es kommt zur Hyperlipidämie und zur Verfettung der Leber. Darüber hinaus lässt Alkohol das HDL-Cholesterin im Blut ansteigen, das durch einen Rücktransport von Cholesterin zur Leber der Entstehung einer Arteriosklerose entgegenwirkt. Gleichzeitig verbessert Alkohol die Fließeigenschaften des Blutes. Aus diesen Gründen gilt eine Portion eines alkoholischen Getränkes pro Tag für Gesunde und für Patienten mit normalen Triglyzeridwerten als vorteilhaft. Ein darüber hinausgehender Konsum erhöht auch bei diesen Personen die Triglyzeride, schädigt die Leber und andere Organe und kann die Entstehung von Krebs begünstigen. Kalorienfreie Getränke (Wasser, Mineralwasser, Kaffee und Tee) sind bei Fettstoffwechselstörungen unproblematisch.

Ballaststoffe

Ballaststoffe fehlen in vielen verarbeiteten, fetten und süßen Lebensmitteln. Statt der empfohlenen Menge von über 30 g/Tag enthält unsere Kost meist weniger als zwei Drittel davon. Besonders ballaststoffreich sind Vollkornprodukte, Naturreis, Kartoffeln, Gemüse und Obst. Ballaststoffe, und zwar besonders solche in Früchten und Haferflocken, wirken auf erhöhte Blutfettspiegel senkend. Die gesundheitliche Bedeutung der Ballaststoffe in Lebensmitteln geht jedoch darüber hinaus. Sie helfen beim Abbau von Übergewicht, senken den Blutdruck, regulieren den Stuhlgang und einige wissenschaftliche Untersuchungen lassen sogar eine schützende Wirkung gegenüber einigen Krebsformen, z. B. Dickdarmkrebs, vermuten.

Ballaststoffreiche Lebensmittel enthalten außerdem Vitamine und so genannte sekundäre Pflanzenstoffe, die zum größten Teil antioxidative Wirkungen haben und aggressive Sauerstoffradikale unschädlich

Einfluss diätetischer Maßnahmen auf den Cholesterinspiegel

Verminderte und modifizierte Zufuhr von Fett (30 %, P/S 1,0)	– 21 mg/dl
Verminderte Cholesterinzufuhr (<200 mg)	– 8 mg/dl
Erhöhte Zufuhr von Ballaststoffen (6 ➡ 46 g)	– 8 mg/dl
Modifizierte Eiweißzufuhr (Steigerung des Verzehrs pflanzlicher Lebensmittel auf Kosten tierischer Proteinträger	– 8 mg/dl
gesamt	**– 45 mg/dl**

machen. Der reichliche Verzehr von Gemüse und Obst schützt durch die Zufuhr von antioxidativen Vitaminen und sekundären Pflanzenstoffen vor Arteriosklerose und Krebs. Fünfmal am Tag sollten sie Bestandteile einer Mahlzeit sein.

Die Tabelle auf Seite 24 zeigt, wie sich die Wirkungen der genannten Diätmaßnahmen addieren und bei einer „Standardperson" zu einer Senkung des Cholesterinspiegels um fast 50 mg/dl führen.

Praktischer Teil

Regeln und Tipps

Vor detaillierten Anweisungen zur Diät sollen einige Hinweise die Ernährungsumstellung erleichtern. Es sind dies:

- Tipps zum Abnehmen (S. 28)
- Tipps für eine fettarme Ernährung (S. 29)
- Fettarme Zubereitungsarten (S. 29f.)
- Wenn Bluthochdruck als weiterer Risikofaktor vorliegt, heißt es salzarm kochen und essen. Hier hilft eine kleine Gewürzkunde (S. 31ff.).
- Beispiele zum Fettsparen (S. 33)
- Geeignete und weniger geeignete Lebensmittel (S. 34ff.)
- Schließlich finden Sie einen einfachen Diätvorschlag der American Heart Association (S. 38f.).
- Die danach erscheinenden Diätpläne und Rezepte gehören zu zwei verschiedenen fettarmen Kostformen: der fettarmen und der streng fettarmen Diät. Die fettarme Kostform entspricht in ihren Nährstoffrelationen mit ca. 15 % Eiweiß, ca. 30 % Fett und 55 % Kohlenhydraten den Empfehlungen für die Nährstoffzufuhr der DGE und der American Heart Association. Die dazugehörigen Tabellen bringen Austauschvorschläge (S. 40ff.) sowie einen entsprechenden Speiseplan für zehn Tage (S. 44f.) mit Rezepten (S. 46ff.). Diese Kost unterscheidet sich von den durchschnittlichen Verzehrgewohnheiten in Deutschland (Eiweiß:Fett:Kohlenhydrate = 12:43:45 %) weniger als die sehr fettarme Kostform mit den Nährstoffrelationen 15:20:65 %. Diese streng fettarme Kost (Tabellen ab S. 58) ist in der Regel noch wirksamer als die zuvor genannte. Sie entspricht eher der vorwie-

gend aus pflanzlichen Nahrungsmitteln bestehenden Kost unserer Großeltern, die Fleischwaren sparsam verwendet und reich an Ballaststoffen ist. Bei dieser bezüglich der Fettmenge stark modifizierten Diätform verliert die Fettart an Bedeutung.

- Vorschläge für die Behandlung der Hypercholesterinämie bei Kleinkindern bringt die Tabelle auf Seite 76.
- Beispiele für die strenge Diät bei den seltenen Stoffwechselstörungen einer exogenen Hyertriglyzeridämie bzw. exogen-endogener Hypertriglyzeridämie geben die Tabellen auf Seite 77 bzw. 78f. Zusammenfassend sind, entsprechend den Erläuterungen im vorhergehenden Abschnitt, besonders wichtig:

bei Hypertriglyzeridämie:

- Kontrolle der Energiezufuhr
- Kontrolle des Zucker- und Alkoholkonsums
- Erst an letzter Stelle folgen Fettart und Cholesterinmenge in der Nahrung

bei Hypercholesterinämie (hohes LDL-Cholesterin):

- Kontrolle des Fettverzehrs: möglichst wenig Fett mit gesättigten Fettsäuren
- teilweiser Ersatz durch mehrfach ungesättigte Fettsäuren und Ölsäure
- Einschränkung der Cholesterinzufuhr durch die Nahrung auf weniger als 300 mg pro Tag

bei Hypertriglyzeridämie und Hypercholesterinämie:

- Hier sind die Ernährungsvorschriften bezüglich aller sechs Punkte gleichermaßen wichtig (S. 29).

bei niedrigem HDL-Cholesterin:

- normales Körpergewicht
- körperliche Aktivität

Bei Normalgewicht erübrigt sich das Kalorienrechnen, auch Zucker und Alkohol sind in geringen Mengen erlaubt. Es lohnt sich also, normalgewichtig zu sein!

Wie Sie mit der geänderten Ernährung zurechtkommen? Zwischendurch sollten Sie einen Tag lang aufschreiben, was und wie viel Sie essen und trinken. Sprechen Sie dieses „24-Stunden-Protokoll“ mit Ihrem Arzt oder der Ernährungsberaterin durch!

Das Vorgehen bei den häufigsten Hyperlipidämien – Ermittlung des Energiebedarfs

Übergewicht

Bei Übergewicht sollten die Pläne mit 1200–1500 kcal (5023–6279 kJ) pro Tag gewählt werden (S. 40, 58); je nach Ausmaß des Übergewichts und der erwünschten Geschwindigkeit der Gewichtsabnahme können fett- und kohlenhydrathaltige Lebensmittel noch weiter eingeschränkt werden.

Ernährung bei Normalgewicht (1800–2000 kcal)

Bei üblicher, vorwiegend sitzender Tätigkeit und Normalgewicht ist die erforderliche Kalorienmenge pro Tag der Tabelle auf Seite 19 zu entnehmen. Bei Schwerarbeit muss der Bedarf meist durch Erfahrung ermittelt werden. Man beginnt zweckmäßigerweise mit der Grundkost von 1800–2000 kcal (7535–8372 kJ; S. 44ff., 62ff.) und legt so viel „geeignete" Lebensmittel zu, bis der Kalorienbedarf, gemessen an einem konstruktiven Körpergewicht, gedeckt ist. Bei einem Kalorienbedarf von 3000 kcal und mehr pro Tag (selten!) können auch die Fettmengen erhöht werden.

Weiteres Vorgehen

Die Tabellen auf den Seiten 40 und 58 bringen für die verschiedenen Mahlzeiten eines Tages Auswahlvorschläge. Wenn zu jeder Mahlzeit aus jedem Feld ein Lebensmittel in der angegebenen Menge gewählt wird, sind ohne weitere Berechnungen alle sechs Forderungen der Hyperlipidämiekost (S. 29) erfüllt.

Weitere Tabellen (S. 44ff., 62ff.) bringen vollständige Speisepläne für jeweils zehn Tage einschließlich der Rezepte.

Tipps zum Abnehmen

• Führen Sie	Buch über Ihre Nahrungsaufnahme (Ernährungsprotokoll) und über Ihr Gewicht (Wiegetabelle). Nehmen Sie langsam aber ständig ab, bis Sie Ihr Sollgewicht erreicht haben.
• Verteilen Sie	Ihre Lebensmittel auf 4–6 kleine Mahlzeiten.
• Speisen Sie	möglichst immer zur gleichen Zeit. Essen Sie langsam und kauen Sie gründlich.
• Trinken Sie	viel: Tee, Mineralwasser, mit Süßstoff gesüßte Getränke (mindestens 1,5–2 l pro Tag). Warme Getränke und kohlensäurehaltige Mineralwasser stillen vorübergehend den Hunger.
• Greifen Sie	oft zu Gemüse, Salat, Kartoffeln und Vollkornprodukten, sie sättigen, enthalten reichlich Vitamine, Mineral- und Ballaststoffe und wenig Kalorien.
• Essen Sie	im Rahmen der Fett- und Kalorienmenge Fisch, mageres Fleisch und fettarme Milchprodukte.
• Reduzieren Sie	Nahrungsmittel mit hohem Fettanteil (z. B. Wurst, Sahne, Torte, Schokolade). Sie enthalten überwiegend gesättigte Fettsäuren.
• Bereiten Sie	alle Speisen mit hochwertigem Fett und Öl zu.
• Bevorzugen Sie	fettarme Zubereitungsarten: Kochen, Dämpfen, Dünsten und Grillen.
• Meiden Sie	zuckerreiche Getränke, z. B. Limonaden, Colagetränke, Fruchtsaftgetränke und Fruchtnektare.

Tipps für eine fettarme und fettmodifizierte Ernährung

Die Umstellung der Ernährung kann eine Senkung oder sogar eine Normalisierung der Blutfette bewirken[1]:

- Leben Sie „energiebewusst“: Streben Sie Ihr Sollgewicht an: durch weniger Kalorien, durch mehr Bewegung.
- Fettreduziert und fettmodifiziert: durch fettarme Lebensmittel wird die Zufuhr von „versteckten“ Fetten und so von gesättigten Fetten und Cholesterin vermindert. Als Streich- und Kochfette verwenden Sie Öle, Butter, hochwertige Margarine.
- Kohlenhydratreich: bevorzugen Sie Kartoffeln, Gemüse, Salat, Obst, Vollkornprodukte (sie enthalten Vitamine, Mineral- und Ballaststoffe). Zucker und alle mit Zucker zubereiteten Lebensmittel einschränken oder meiden.
- Verteilen Sie die Lebensmittel auf mehrere kleine Mahlzeiten.
- Menge und Art der alkoholischen Getränke einschränken bzw. meiden (je nach Typ Ihrer Fettstoffwechselstörung).
- Bevorzugen Sie fettarme Zubereitungsarten: grillen, dämpfen, dünsten, kochen, garen im Römertopf, in Folie, im Dampfdrucktopf, in beschichteter Pfanne. Zubereitung in schwimmendem Fett ist unerwünscht.

1) In der Diätberatung werden Sie über die einzelnen Punkte umfassend informiert.

Zubereitungsarten

• Blanchieren	kurzes Garen (2–4 Minuten) in kochendem Wasser, z. B. Rohgemüse, Kohl zu Salat
• Backen	in der Backröhre, z. B. Kuchen, Aufläufe; in der Pfanne (beschichtet) in wenig heißem Fett, z. B. Pfannkuchen, Frikadellen

Überbacken (Überkrusten)	von vorgegarten Gerichten, z. B. Aufläufe mit Käse
Braten	in der Pfanne, z. B. Fleisch, Kartoffelgerichte, in der Bratröhre, in Folie, im Römertopf oder Bräter, z. B. Geflügel, Fisch, Fleischstücke
Rösten	in der Pfanne ohne oder mit wenig Fett, z. B. Nährmittel für Suppen, Risotto, Nüsse oder Mandeln; im Ofen, z. B. Esskastanien
Schmoren	im Bräter oder Backofen, z. B. Rindfleisch, Sauerbraten anbraten in heißem Fett (Fett abgießen!), angießen von Flüssigkeit und im geschlossenen Topf garen
Grillen	auf dem Grillrost, Spieß oder Kontaktgrill, meist ohne Fettzugabe, z. B. Kartoffeln, Fleisch, Fisch, Gemüse
Dämpfen	mit wenig Wasser und Siebeinsatz, z. B. Kartoffeln, Gemüse
Dünsten	im eigenen Saft, evtl. mit sehr wenig Flüssigkeit, z. B. Gemüse, Obst, Kartoffeln oder Fisch
Garen	im Dampfkochtopf, z. B. Kartoffeln, Siedfleisch, Hülsenfrüchte, gekochte Vollkorngerichte (Körner)
Kochen	in reichlich Wasser, z. B. Klöße, Knochenbrühe, Suppen
Auftauen	im Mikrowellenherd, besonders gut geeignet zur fettarmen und nährwertschonenden Zubereitung der Speisen
Flambieren, Frittieren	weniger geeignet

Kräuter und Gewürze

Sorte	zu verwenden bei
Anis	Kuchen, Gebäck, Brot, Gemüse
Basilikum	Pizza, Lamm- und Schweinefleisch, Gemüsesuppen, zum Einlegen von Gurken, Tomatengerichte und -soßen, Fisch, Eintöpfe, deftige Aufläufe, frische Gurken, für Kräuteressig
Beifuß	Enten- und Wildschweinbraten, gebratenen Aal, Kalbshaxe
Bohnenkraut	Suppen, Gemüse aus grünen und dicken Bohnen und Linsen, eingelegte Gurken, Pilze, Ragout, Aufläufe, Kartoffelpuffer, Kartoffelsuppe, Blumen- und Rosenkohl Tomatengerichte. Kurz vor Ende der Garzeit dem Kochgut beigeben!
Borretsch	Kopf-, Gurken-, Tomatensalat, Blüten können in Essig angesetzt werden
Brunnenkresse	Tomaten- und Kopfsalat, Suppen, als Brotbelag, gemischt mit Quark
Dill	Kopf-, Gurken-, Tomaten-, Kartoffelsalat, Dillsoße zu frischem Aal, Jacobsmuscheln, See- und Süßwasserfisch
Estragon	Essig, Senf, Salate, Geflügel, Sauerbraten, Hammel- und Kalbfleisch, Wildgerichte, pikante Soßen und Suppen
Fenchel	Kraut nie mitkochen, erst vor dem Anrichten dem Gericht zugeben! Fenchelkraut zu gekochtem Fisch, Bechamelsoße. Fenchelsamen für Brot und Gebäck. Frisches Grün für Kräutersoßen, Salate, Fischgerichte, eingemachte Gurken und Gemüse
Gartenkresse	Salate, Eiergerichte, Kräuterquark, klare Suppen, Fischgerichte

Kerbel	Anisähnlich, gut mit Basilikum, Petersilie, Schnittlauch Omelett, Rührei, Salate, Suppen, Soßen, Quark, gegrilltem Fisch
Knoblauch	Brot, Salate, Gemüse, Suppen und Eintöpfe, Soßen, Pizza, Lamm, Hammel, Fisch, Tomatengerichte, Fleisch
Koriander	Suppen, Soßen, Marinaden, Ragouts, Pasteten, Wurst, Brot, Weihnachtsgebäck
Kümmel	Kartoffeln, Kohlgemüse, Sauerkraut, Rote Bete, Quark, Käse, Suppen, Soßen, als Brotgewürz, Fleisch
Liebstöckel	Salate, kräftige Eintöpfe, Erbsen und Kartoffeln, Soßen, Suppen, Gemüse, Fleischgerichte
Lorbeer	Fisch- und Fleischmarinaden, Essiggemüse, Suppen, Soßen, Gemüse, Frikassee, Reis, für alle kräftig gewürzten Gerichte
Majoran	Kartoffelsuppe, Hülsenfruchtsuppen, Bratkartoffeln, Suppen, Soßen, Geflügel, Ragoutgerichte, Kalbfleisch, Hackbraten, Wildbraten, Pasteten, Essig
Meerrettich	Tafelspitz, kurz gebratenes Fleisch, Soßen, Salate, Kochfisch
Minze	Tee, Lammbraten, neue Kartoffeln, Erbsen, Hackfleisch, Salate
Muskatnuss	Suppen, helles Gemüse, Fleischbrühe, Klöße, Fleischgerichte, Gebäck
Nelken	Obstspeisen, Rotkohl, Wild, Schweinebraten
Oregano	Pizza, Tomatengerichte, Salate, Suppen, Braten, Eintopfgerichte mit Fisch, Fleisch oder Muscheln, in Verbindung mit Auberginen, Pfefferschoten, Bohnen, Tomaten
Petersilie	im Bouquet garni, Kräutermischungen, Fisch und Siedfleisch, passt zu allen Speisen, Suppen, Soßen, Gemüsen, Salaten

Pimpinelle	Kopf-, Gurken-, Tomaten- und gemischte Salate, Kräutersoßen, Gemüse, Fisch
Rosmarin	Wild, Geflügel, Rind, Kalb, Schwein, Ratatouille, provenzalische Gemüse, Pizza
Safran	Fleischbrühe, Reis, Hühner-, Fischgerichte, Paella, Bouillabaisse, Gebäck, Kuchen
Salbei	Fisch, Lamm-, Hammelfleisch, Geflügel, Wild, Erbsen, Bohnen
Schnittlauch	Suppen, Fleischbrühe, Gemüse, Salate, Salzkartoffeln, Eierspeisen, Kräuterquark
Sellerie	Suppen, Soßen, Salat, Rohkost, Fisch- und Fleischgerichte, Gemüse, Hackbraten
Thymian	Wild, Fisch, Geflügel, Hackbraten, Suppen, Soßen, Tomatengerichte, Suppen aus Hülsenfrüchten, Kartoffeln
Zitronenmelisse	Fisch-, Wild-, Pilz- und Geflügelgerichte, Kräuter-, Gemüsesoßen, Suppen, Salat, Fruchtsalat, Bowlen, Sommergetränke, Kräutermischungen, Quark, Joghurt, Frischkäse

Wie kann ich Fett und Kalorien sparen?

	Fett (g)	Kalorien (kcal)			Fett (g)	Kalorien (kcal)
1/2 l Vollmilch	20	320	➡	1/2 l fettarme Milch	5	240
50 g Käse (50 % F. i. Tr.)	15	200	➡	50 g Käse, (30 % F. i. Tr.)	10	135
30 g Salami	10	100	➡	30 g Bierschinken	3	55
125 g Schweinekotelett	10	300	➡	125 g Schweineschnitzel	2	130
2 EL Speisequark (40 % Fett)	5	80	➡	2 EL Speisequark (mager)	–	35
insgesamt:	**60**	**1000**	➡		**20**	**595**
eingespart:	**30**	**405**				

Empfehlungen für die Nahrungszusammen-

Lebensmittel	geeignet
Gemüse	alle Sorten: frisch, tiefgefroren, Hülsenfrüchte, Pilze
Kartoffeln	Pell-, Dampfkartoffeln, Kartoffelpüree, Kartoffelklöße
Obst	alle Sorten: frisch, tiefgefroren, Trockenobst
Getreideprodukte	Vollkorn-, Schrot-, Leinsamen-, Graham-, Knäckebrot, Pumpernickel, Getreideflocken, Haferkleie, -grütze, Müsli ohne Zucker, Hirse, Grünkern, Buchweizen, Graupen usw., Nudeln, Naturreis, wilder Reis
Fleisch und Fleischprodukte	alle mageren Sorten vom Schwein, Kalb, Rind, Wild, Lamm, Geflügel, Hackfleisch, gekochter und roher Schinken ohne Fettrand, Bündner Fleisch, Lachsschinken, Roastbeef, Kassler-, Bratenaufschnitt
Wurstwaren	alle mageren Sorten vom Schwein, Rind, Kalb, bis 10 % Fett, Sülzwurst, deutsches Corned Beef
Fisch und Fischprodukte	Frischfisch: Forelle, Kabeljau, Schellfisch, Rotbarsch, Heilbutt, Hering, Lachs, Makrele, Thunfisch, Sardinen, geräucherter und gesäuerter Fisch, Hering in Gelee, Fischkonserven ohne Öl und Soßen

1) Diese Ernährungsempfehlungen gelten bei Hypercholesterinämie, bei kombinierten (gemischten) Hyperlipidämien und bei Hypertriglyzeridämien. Pauschale Ernährungsempfehlungen bei Fettstoffwechselstörungen können nicht gegeben werden. Informieren Sie sich hierzu in einer speziellen Diät- und Ernährungsambulanz

setzung einer lipidsenkenden Diät[1]

in kleinen Mengen geeignet	nicht empfehlenswert
Avocado	Gemüsezubereitungen (Konserve, tiefgefroren)
mit geeignetem Fett zubereitet: Rösti, Bratkartoffeln, Pommes frites	Bratkartoffeln, Pommes frites. Kroketten usw., wenn ungeeignete Fette verwendet werden, Backofenpommes, Chips, Kartoffelsticks
gezuckerte Obstkonserven[2], kandierte Früchte[2], Obst in Sirup[2]	
Weißmehl und Weißmehlprodukte, Zwieback	gezuckerte Müslimischungen und Frühstücksflocken, Croissants
mageres Dörrfleisch, Gans, Ente ohne Haut	Fleischfertiggerichte (Konserve und tiefgefroren), fettes und durchwachsenes Fleisch aller Art, Mett, fetter Speck, Innereien
Wurst bis 20 % Fett, z. B. Bierschinken	Blut-, Mett-, Leber-, Brat-, Weiß-, Bier-, Fleisch-, Schinkenwurst, Lyoner, Leber-, Fleischkäse, Würstchen, Salami, Fleischsalat mit Mayonnaise
Krustentiere	Fischfertiggerichte (Konserve und tiefgefroren), Fischstäbchen, Fischfrikadellen, Fischsalate mit Mayonnaise, Aal

2) Diese Produkte gehören bei erhöhten Triglyzeriden ebenfalls zu den „nicht empfehlenswerten“ Lebensmitteln.

Lebensmittel	geeignet
Eier (2–3-mal pro Woche)	gekocht, Omelett, Rührei
Milch und Milchprodukte	Magermilch (0,3 % Fett), fettarme Milch (1,5 % Fett), Buttermilch, Dickmilch (1,5 % Fett), Kefir (1,5 % Fett), Molke, Magerjoghurt (0,3 % Fett), fettarmer Joghurt (1,5 % Fett), Magerquark (0,3 % Fett), fettarme Käsesorten (bis 30 % F. i. Tr.)
Fett (sparsam verwenden)	Sonnenblumen-, Maiskeim-, Soja-, Oliven-, Raps-, Distel-, Walnuss-, Kürbiskern-, Traubenkern-, Sesam-, Lein-, Weizenkeimöl, Butter, ungehärtete Margarine
Nüsse (hoher Fettgehalt)	Walnüsse, Paranüsse, Kastanien
Backwaren (im Rahmen der täglichen Fett- und Kalorienmenge)	Hefeteig, Quark-Öl-Teig, Mürbeteig (mit geeignetem Fett und wenig Zucker)
Süßwaren	Honig, Gelee, Marmelade, ungesüßtes Kakaopulver
Getränke	Kaffee. Tee. Mineralwasser. Möhrensaft, Tomatensaft, andere Gemüsesäfte, ungezuckerte Obstsäfte, Diätgetränke
Gewürze, Kräuter, Würzzutaten	Kräuter und Gewürze: alle Sorten (Tabelle S. 31), Essig, Senf, Soja-, Worcestersoße, Hefeflocken, Bierhefe, Knoblauch, Meerrettich, Tomatenmark

in kleinen Mengen geeignet	nicht empfehlenswert
	Eier mit Mayonnaise
Schichtkäse (10 % Fett), Speisequark (10–20 % Fett), Hüttenkäse, saure Sahne (10 % Fett), Schmand, Parmesan, Ricotta- und Fetakäse, Käsesorten bis 45 % F. i Tr., Kondensmilch (4 % Fett), Fruchtjoghurt[2]	Trinkmilch (3,5–3,8 % Fett), Joghurt (3,5–3,8 % Fett), Sahnejoghurt (10 % Fett), Kefir, Dickmilch (3,5 % Fett), Kondensmilch (7–10 % Fett), Kaffeesahne, Schlagsahne, Crème fraîche, Speisequark (40 % Fett), Käsesorten (> 45 % F. i. Tr.)
Schweineschmalz, Erdnussfett	Kokos-, Palmkernfett, handelsübliche Koch- und Backmargarine, fetter Speck, Talg, Speise- und Tafelöl, Mayonnaise
Mandeln, Haselnüsse, Erdnüsse	Kokosnüsse, Cashewnüsse, Macadamianüsse
fettarme Kekse	Sahne- und Cremetorten, Blätterteiggebäck, Fettgebackenes, Rührkuchen, Kokosgebäck, Käse- und Salzgebäck
Zucker[2], Trauben- und Fruchtzucker[2], Marzipan[2], Frucht- und Milcheis[2], Lakritz[2], Fruchtbonbons[2], Pralinen[2], Schokolade[2]	Nuss-Nougat-Mus, Sahne- und Softeis, Sahnekaramellen, Toffees, Kokospralinen, -flocken, gesüßtes Kakopulver
Wein[2], Bier[2], Sekt[2], Most[2], alkoholfreies Bier[2]	Fruchtsaftgetränke[2], Fruchtnektare[2], Limonaden[2], Colagetränke[2], Fruchtsirup mit Zucker[2], konzentrierter Alkohol[2], Sahnelikör[2], Kokosmilch
Brühwürfel[2], Flüssigwürze[2], fertige Würzmischungen[2], Ketchup	

2) Diese Produkte gehören bei erhöhten Triglyzeriden ebenfalls zu den „nicht empfehlenswerten" Lebensmitteln.

Ernährungsrichtlinien[1] (ca. 2200 kcal/9200 kJ pro Tag)

Beachten Sie bei der täglichen Nahrungsmittelauswahl die angegebenen Sorten und Mengen

frisches Obst: ca. 400 g

z. B.:	1	Apfel	150 g
	1	Apfelsine	150 g
	1 Port.	Obst der Saison	125 g

Gemüse, Salate (davon 1/3 als Rohkost): bis 600 g

z. B.:	1 Port.	Kohlgemüse oder Blattsalate	200 g
	1 Port.	Wurzelgemüse	200 g
	1 Port.	Frucht- oder Sprossengemüse	200 g

stärkehaltige Nahrungsmittel (Brot, geeignete Backwaren, Kartoffeln, Reis oder Teigwaren): 4–5 Port.

z. B.:	2–3 Sch.	Brot, bevorzugt Vollkorn	150 g
	1	Brötchen oder	50 g
	3 Sch.	Knäckebrot	30 g
	1 Port.	Kartoffeln	ca. 250 g
	1 Port.	Reis oder Teigwaren	ca. 80 g

Milch und Milchprodukte: 2–3 Port.

z. B.:	1 Port.	Joghurt oder Trinkmilch, 1,5 % Fett	200 g
	1 Port.	fettarmer Käse	40 g
	1 Port.	Magerquark	100 g

1) angelehnt an Vorschläge der Europäischen Arteriosklerose-Gesellschaft und der American Heart Association

Fleisch und Fisch: 1 Port.

z. B.:	●	1 Port.	Fleisch oder	120 g
		1 Port.	Fisch	120 g

fleischfreie Gerichte

z. B.:	●	1 Port.	Hülsenfrüchte
	●	1	Ei

Streichfette, Kochfette

z. B.:	●	2 EL	Butter oder Margarine, ungehärtet	20 g
	●	1 EL	Öl	10 g
	●	1 EL	Walnüsse	

Süßigkeiten

z. B.:	●	1–2 EL	Zucker, Honig, Marmelade oder	20 g
		1 St.	Obstkuchen oder	ca. 100 g
		3	Kekse	30 g

Alkohol (etwa zweimal in der Woche nach Rücksprache)

z. B.:	●	1 Glas	Wein oder	$^1/_4$ l
		1 Glas	Bier	0,3 l

1200-Kalorien-Plan fettarm (30 % Fett) mit Austauschvorschlägen

Dieser 1200-Kalorien-Plan enthält etwa: 30 % Fett, 55 % Kohlenhydrate, 15 % Eiweiß, < 250 mg Cholesterin. Wählen Sie zu jeder Mahlzeit aus den verschiedenen Gruppen (Frühstück: 5, erste Zwischenmahlzeit: 2, Mittagessen: 6, zweite Zwischenmahlzeit: 2, Abendessen: 5) jeweils ein Nahrungsmittel aus. Sie haben somit die Möglichkeit, Ihren Tageskostplan abwechslungsreich zu gestalten. Gleichzeitig entspricht Ihre Versorgung an den Nährstoffen Eiweiß, Fett und Kohlenhydraten den wissenschaftlichen Empfehlungen.

Frühstück

• 0 kcal	Kaffee oder Tee, natur oder mit etwas Milch
• 150 kcal	1½ Roggenbrötchen (75 g) oder 1½ Scheiben Vollkornbrot (75 g) oder 5 Scheiben Knäckebrot (50 g) oder 4 Zwiebäcke (40 g) oder 3 gehäufte EL Haferfocken (45 g) oder 5 EL Cornflakes (40 g) oder 3 gehäufte EL Grieß (40 g) oder 3 EL Müsliflocken (40 g)
• 75 Kcal	2 TL Butter (10 g) oder 2 TL Margarine (10 g)
• 50 kcal	2 TL Honig (20 g) oder 2 TL Konfitüre (20 g) oder 1 kleiner Apfel (100 g) oder 1 kleine Birne (100 g) oder ½ Pampelmuse (200 g) oder 1 kleine Apfelsine (150 g) oder 1 Glas Gemüsesaft (200 ml) oder ½ Glas Fruchtsaft (100 ml)
• 100 kcal	2 Scheiben magerer Bratenaufschnitt (100 g) oder 2 Scheiben Sülzwurst (60 g) oder 2 Scheiben Bierschinken (60 g) oder 2 Scheiben gekoch-

ter Schinken (80 g) oder 4 dünne Scheiben magerer roher Schinken (80 g) oder $1\frac{1}{2}$ Ei oder 3 EL Frischkäse, 20 % F. i Tr. (80 g) oder 1 Ecke Kräuter-Schmelzkäse, 30 % F. i Tr. (45 g) oder 1 Scheibe Schnittkäse, 40 % F. i Tr. (30 g) oder 1 kleine Scheibe Schafskäse, 40 % F. i Tr. (50 g) oder 4 EL Magerquark (140 g) oder 3 EL Schichtkäse (120 g) oder 1 Glas Joghurt, 1,5% Fett (200 g) oder 1 Glas Milch, 1,5% Fett (200 ml)

Zwischenmahlzeit

0 kcal	Tee, Mineralwasser
100 kcal	1 Apfel (200 g) oder 1 Birne (200 g) oder 2 kleine Apfelsinen (300 g) oder 1 Pampelmuse (400 g) oder 1 Banane (150 g) oder 1 Schälchen Beerenobst oder 2 Glas Gemüsesaft (400 ml) oder 1 Glas Milch, 1,5 % Fett (200 ml) oder 2 Tassen Buttermilch (300 ml) oder 1 Glas Joghurt, 1,5 % Fett (200 g)

Mittagessen

0 kcal	Tee, Mineralwasser, Kaffee
125 kcal	120 g mageres Kalbfleisch oder 120 g mageres Schweinefleisch oder 120 g mageres Lammfleisch oder 120 g mageres Rindfleisch oder 120 g mageres Lammfleisch oder 120 g mageres Hackfleisch oder 120 g mageres Geflügelfleisch oder 120 g Wildfleisch oder 120 g Forellenfilet oder 150 g Kabeljaufilet oder 120 g Rotbarschfilet oder 150 g Schollenfilet oder 60 g Lachsfilet oder 50 g Heringsfilet oder $1\frac{1}{2}$ Ei

50 kcal	1 TL Butter (6 g) oder 1 TL Margarine (6 g) oder 1 TL Öl (5 g)
100 kcal	3 Kartoffeln (150 g) oder 4 EL gekochter Reis (100 g) oder 4 EL gekochte Nudeln (100 g) oder 1 kleiner Semmelknödel (50 g) oder 1 Kartoffelknödel (80 g) oder 1 Scheibe Brot (50 g)
50 kcal	Auberginen (250 g) oder Blumenkohl (200 g) oder grüne Bohnen (150 g) oder Brokkoli (200 g) oder Champignons (300 g) oder Chicorée (300 g) oder grüne Erbsen (70 g) oder Grünkohl (130 g) oder Kohlrabi (200 g) oder Kürbis (200 g) oder Mangold (350 g) oder Möhren (200 g) oder Paprika (250 g) oder Porree (200 g) oder Rosenkohl (150 g) oder Rote Bete (120 g) oder Rotkohl (250 g) oder Schwarzwurzeln (300 g) oder Spargel (250 g) oder Spinat (350 g) oder Tomaten (300 g) oder Weißkohl (200 g) oder Wirsing (200 g) oder Zucchini (250 g). Ohne Anrechnung: Blattsalate, Gurken
50 kcal	1 TL Butter (6 g) oder 1 TL Margarine (6 g) oder 1 TL Öl (5 g)

Zwischenmahlzeit

0 kcal	Kaffee, Tee, Mineralwasser
100 kcal	1 Apfel (200 g) oder 1 Birne (200 g) oder 1 Banane (150 g) oder 1 Pampelmuse (400 g) oder 2 Apfelsinen (300 g) oder 2 Glas Gemüsesaft (400 ml) oder 1 Glas Joghurt, 1,5% Fett (200 g), oder 1 Glas Buttermilch (200 ml)

Abendessen

0 kcal	Tee, Mineralwasser
125 kcal	1 Roggenbrötchen (50 g) oder 1 Scheibe Vollkornbrot (50 g) oder 4 Scheiben Knäckebrot (40 g) oder 1 Laugenbrezel
75 kcal	2 TL Butter (10 g) oder 2 TL Margarine (10 g) oder 2 TL Öl (8 g)
125 kcal	3 kleine Scheiben mag. gekochter Schinken (100 g) oder 4 dünne Scheiben mag. roher Schinken (90 g) oder 2$^1/_2$ Scheiben Bierschinken oder 3$^1/_2$ Scheiben Sülzwurst oder 1 kleine Portion Hering in Gelee (75 g) oder 1 kleines Stück geräucherte Makrele (55 g) oder 1 Scheibe geräucherter Lachs (45 g) oder 2 geräucherte Forellenfilets (100 g) oder 1 Ecke Kräuterschmelzkäse, 30 % F. i. Tr. (60 g), oder 2 Scheiben Schnittkäse, 40 % F. i. Tr. (50 g), oder $^1/_4$ Packung Camembert, 45 % F. i. Tr. (30 g), oder 1 Stück Schafskäse, 40 % F. i. Tr. (60 g)
50 kcal	2 kleine Paprika (250 g) oder 5 Tomaten (250 g) oder 4 Bund Radieschen (350 g) oder 10 grüne Oliven (40 g) oder 1 Schälchen eingelegte Rote Bete (120 g) oder 4 Gewürzgurken (200 g). Ohne Berechnung möglich: Blattsalate, Chinakohlsalat, Salatgurke

Speiseplan für 10 Tage – fettarm[1]

	Frühstück	Zwischenmahlzeit	Mittagessen
1. Tag	Frühstücksmüsli	Vollkornbrot Butter/Margarine kalter Braten	Kalbsfrikassee Naturreis Endiviensalat
2. Tag	Pumpernickel Butter/Margarine Kochkäse	Karottensaft Knäckebrot Butter/Margarine	Sellerieschnitzel Kartoffelbrei Bohnengemüse Joghurt mit Früchten
3. Tag	Vollkornbrötchen Butter/Margarine Streichkäse	Joghurt mit Himbeeren und Getreidekörnern	Rindersteak Blumenkohl mit Bröseln Kartoffeln
4. Tag	Milchkaffee Mischbrot Butter/Margarine Corned Beef	Tomatensaft Knäckebrot Streichkäse	Fischragout mit Champignons Schalenkartoffeln Chinakohlsalat Birne
5. Tag	Vollkornbrot Butter/Margarine Camembert	Joghurt, fettarm Orange	Kasseler Sauerkraut Kartoffelbrei Bier
6. Tag	Grahambrot Butter/Margarine Marmelade/Honig	Beeren-Quarkspeise mit Nüssen	Grießsuppe Fischfilet in pikanter Soße Kartoffeln Salatplatte
7. Tag	Milch, 1,5 % Fett Roggenbrot Butter/Margarine Marmelade/Honig	Kürbiskernbrötchen Butter/Margarine Geflügelsülze Obst	Rehsteak Rotkohl Kartoffelklöße
8. Tag	Vollkorntoast Butter/Margarine Marmelade/Honig	Bauernbrot Butter/Margarine Lachsschinken	Lauch-Kartoffel-Auflauf Rote Bete mit Apfel
9. Tag	Hafergrütze mit Milch Orangensaft	Vollkornbrot Butter/Margarine Radieschen Camembert	Poulardenkeule Zucchini-Tomaten-Gemüse Kartoffeln
10. Tag	Kakao Mehrkorntoast Butter/Margarine Marmelade/Honig	Brötchen Bierschinken	Steak vom Grill Chicorée, überbacken Spaghetti

1) Nährwerte im Durchschnitt: 2000 kcal/8300 kJ, 65 g Fett (30 %), 250 g Kohlenhydrate (54 %), 75 g Eiweiß (16 %)

Zwischenmahlzeit	**Abendessen**	**Spätmahlzeit**
rote Grütze mit Vanillemilch	Schinkenröllchen mit Spargel Gemüsesalat Vollkornbrot Butter/Margarine	Erdbeeren mit Cornflakes und Milch
Weizenmischbrot Butter/Margarine Honig	Bauernsalat mit Schafskäse 2 Roggenbrötchen	Birne
Apfel Kräcker	Minestrone mit Käse Vollkornbrot	Knäckebrot Butter/Margarine Banane
Hefeteilchen mit Marmelade	Vollkornpfannkuchen Pflaumenkompott	$^1/_4$ l Wein Salzletten
Obstsalat	Hirseauflauf mit Apfel Früchtetee	Brezeln Bier
Knäckebrot Butter/Margarine Obst	Tatar Graubrot Butter/Margarine	Joghurt mit Früchten und Haferflocken
Zwieback Marmelade	Schinkenomelett Reis mit Erbsen Eisbergsalat mit Paprika	Obst
Kakao Kekse	Kräuterquark Backblechkartoffeln Tomaten	Knäckebrot roher Schinken Orange
Obstkuchen	Grünkernbratlinge Endiviensalat	Joghurt, natur, 1,5 % Fett Marzipan
Hafer-Obstspeise	Grahambrot Butter/Margarine Makrele Rettichsalat	Honigmelone

1. Tag

Frühstück	Menge
Kaffee oder Tee mit Milch	
Frühstücksmüsli: grobe Haferflocken	40 g
Obstsaft (Orange)	100 g
Zitronensaft	
Äpfel	150 g
Haselnüsse, gerieben	10 g
Milch, 1,5 % Fett	100 g
Zwischenmahlzeit	
Vollkornbrot	65 g
Butter/Margarine	5 g
magerer Bratenaufschnitt	25 g
Mittagessen	
Kalbsfrikassee: Kalbfleisch, mager	100 g
Spargel	100 g
Butter/Margarine	10 g
Weizenmehl	10 g
Endiviensalat	60 g
Olivenöl	5 g
Naturreis (Rohgewicht)	70 g
Zwischenmahlzeit	
rote Grütze mit Vanillemilch: gemischte Beeren	200 g
Stärkemehl	15 g
Zitronensaft	
Zucker	5 g
Milch, 1,5% mit	100 g
Vanillemark	
Zucker	5 g
Abendessen	
Schinkenröllchen: gek., magerer Schinken	60 g
Stangenspargel	50 g

	Menge
Gemüsesalat: gemischtes Gemüe	250 g
Mayonnaise, 30 % Fett	15 g
Kräuter, Gewürze, Essig	
Vollkornbrot	50 g
Butter/Margarine	5 g

- **Spätmahlzeit**

Erdbeeren mit	150 g
Cornflakes	25 g
Trinkmilch, 1,5 % Fett	150 g

2. Tag

- **Frühstück**

Kaffee oder Tee	
Pumpernickel	100 g
Butter/Margarine	20 g
Kochkäse 10 % F. i. Tr.	25 g

- **Zwischenmahlzeit**

Karotten- oder Gemüsesaft	150 g
Knäckebrot	20 g
Butter/Margarine	5 g

- **Mittagessen**

Sellerieschnitzel: 2 dicke Scheiben Sellerie,	150 g
halb gar gekocht, in Omelettteig wenden: Ei	20 g
Mehl	15 g
Öl zum Braten	10 g
Kartoffeln für Brei	200 g
Milch, 1,5% Fett	50 g
Bohnengemüse	150 g
Butter/Margarine	5 g
Joghurt mit Früchten, 1,5% Fett	150 g

Zwischenmahlzeit	Menge
Schweizer Brot	50 g
Honig	25 g
Abendessen	
Bauernsalat: 1/4 Salatgurke	100 g
1 Tomate	50 g
Zwiebelringe	25 g
Radieschen	50 g
Champignons	50 g
Petersilie, Oregano, Salz, schwarzer Pfeffer, Essig	
Oliven- oder Walnussöl	10 g
Schafskäse, 30% Fett	30 g
Roggenbrötchen	100 g
Spätmahlzeit	
Birne	50 g

3. Tag

Frühstück	
Kaffee oder Tee	
Vollkornbrötchen	100 g
Butter/Margarine	10 g
Streichkäse, 30 % F. i. Tr.	20 g
Zwischenmahlzeit	
Joghurt, 1,5 % Fett mit	150 g
Himbeeren	100 g
Getreidekorn, vorgeweicht	20 g
Mittagessen	
Rindersteak	120 g
Schinkenwürfel	15 g
Zwiebel	20 g
Öl	10 g

	Menge
Salz, Pfeffer	
Blumenkohl	200 g
Butter	10 g
Semmelbrösel	10 g
Kartoffeln	200 g
Zwischenmahlzeit	
Apfel	150 g
Kräcker	30 g
Abendessen	
Minestrone: Olivenöl	5 g
roher, magerer Schinken	15 g
Zwiebel/Kräuter	25 g
Suppengemüse	150 g
weiße Bohnen (Dose)	30 g
Kartoffeln	60 g
Tomatenmark	15 g
Naturreis	40 g
Parmesankäse zum Überstreuen	20 g
Brot	50 g
Spätmahlzeit	
Knäckebrot	20 g
Butter/Margarine	5 g
Banane	80 g

4. Tag

Frühstück	
Kaffee mit Magermilch	100 g
Mischbrot	80 g
Butter/Margarine	15 g
Corned Beef	30 g

Zwischenmahlzeit	Menge
Gemüsesaft	150 g
Knäckebrot	25 g
Streichkäse, 20 % F. i. Tr.	20 g
Mittagessen	
Tomatensuppe	1/4 l
Fischragout: Rotbarsch	120 g
Zwiebeln	30 g
Champignons	150 g
Öl	5 g
Schalenkartoffeln	200 g
Chinakohlsalat mit	150 g
Öl	5 g
Joghurt, 0,3% Fett	50 g
Birne	150 g
Zwischenmahlzeit	
Hefeteilchen	50 g
Marmelade	25 g
Abendessen	
Vollkornpfannkuchen aus: Weizenvollkornmehl	40 g
feine Haferflocken	20 g
Trockenhefe	2 g
Ei	20 g
Mineralwasser	
Öl zum Braten	15 g
Pflaumenkompott	150 g
Spätmahlzeit	
1/4 l Wein	250 g
Salzletten	25 g

5. Tag

Frühstück	Menge
Kaffee oder Tee	
Vollkornbrot	100 g
Butter/Margarine	20 g
Camembert, 30% F. i. Tr.	30 g
Zwischenmahlzeit	
Orange	150 g
Joghurt, 1,5 % Fett	150 g
Mittagessen	
gek. Schweinefleisch, mager	100 g
Sauerkraut	150 g
Zwiebel, Lorbeerblatt, Nelken	
Kartoffeln für Brei	200 g
Milch, 1,5% Fett	50 g
Butter	5 g
Zwischenmahlzeit	
Obstsalat: Apfel	100 g
Orange	50 g
Banane	50 g
Zitronensaft	
Abendessen	
Hirseauflauf: Hirse	45 g
Milch, 0,3% Fett	200 g
Zucker	20 g
1 Prise Vanillezucker	
Rosinen	5 g
Mandeln, gemahlen	5 g
1 Eischnee	
Apfel, gerieben	150 g
Früchtetee	

Spätmahlzeit	Menge
2 Brezeln	100 g
1 Glas Bier	200 g

6. Tag

Frühstück	
Kaffee oder Tee	
Grahambrot	100 g
Butter/Margarine	20 g
Marmelade/Honig	25 g

Zwischenmahlzeit	
Beeren-Quarkspeise: Speisequark, Magerstufe	50 g
Beerenobst	100 g
Walnüsse, gerieben	5 g
etwas Magermilch, 0,3 % Fett	

Mittagessen	
Grießsuppe (entfettete Brühe): Grieß	15 g
Kräuter	3 g
Fischfilet in pikanter Soße: Rotbarschfilet	120 g
Mehl	10 g
Öl	10 g
Kräuter und Gewürze	
Kartoffeln	200 g
Salatplatte: Möhren	80 g
Sellerie	80 g
Feldsalat	50 g
Öl	10 g
Joghurt, 0,3 % Fett	50 g

Zwischenmahlzeit	
Knäckebrot	20 g
Butter/Margarine	5 g
Obst	150 g

Abendessen	Menge
Tatar mit	80 g
Zwiebeln	30 g
Paprika	100 g
Graubrot	100 g
Butter/Margarine	15 g

Spätmahlzeit	
Joghurt, 1,5 % Fett mit	150 g
1/2 Pfirsich und	50 g
Haferflocken	20 g

7. Tag

Frühstück	
heiße Milch, 1,5% Fett	150 g
Roggenbrot	80 g
Butter/Margarine	20 g
Marmelade/Honig	25 g

Zwischenmahlzeit	
Kürbiskernbrötchen	50 g
Butter/Margarine	5 g
Geflügelsülze	20 g
Obst der Jahreszeit	150 g

Mittagessen	
Rehsteak	120 g
Rotkohl	150 g
Zwiebeln	30 g
Öl	10 g
Kartoffelklöße: Kloßmehl	75 g
Wasser	
Gewürze	

Zwischenmahlzeit	Menge
Kaffee oder Tee	
Zwieback	40 g
Marmelade	25 g

Abendessen	
Schinkenomelett: Ei	50 g
roher Schinken	25 g
Öl	5 g
Naturreis (Rohgewicht)	60 g
Erbsen	150 g
Butter/Margarine	5 g
Eisbergsalat mit:	50 g
roter und gelber Paprika	je 50 g
Öl	5 g
Schnittlauch	

Spätmahlzeit	
Obst	150 g

8. Tag

Frühstück	
Kaffee oder Tee	
Vollkorntoast	75 g
Butter/Margarine	20 g
Marmelade/Honig	25 g

Zwischenmahlzeit	
Bauernbrot	100 g
Butter/Margarine	10 g
Lachsschinken	30 g

Mittagessen	
Lauchkartoffeln: Kartoffeln	300 g
Lauchzwiebeln	150 g

	Menge
körniger Frischkäse, 20 % F. i. Tr.	50 g
Salz, Pfeffer, Rosmarin	
saure Sahne, 10 % Fett	50 g
Ei	25 g
Öl für die Form	
Rote Bete, eingelegt	150 g
Zwiebel	10 g
Apfel	50 g
Zwischenmahlzeit	
Kakaotrunk: Milch, 1,5 % Fett	150 g
Kakaopulver, entölt	10 g
Vollkorn-Kekse	30 g
Abendessen	
Quark mit Kräutern: Speisequark, mager	100 g
Milch, 1,5 % Fett	50 g
Kräuter und Zwiebeln	20 g
Backblechkartoffeln	250 g
Öl	5 g
Kümmel	
Tomaten	150 g
Spätmahlzeit	
Knäckebrot	20 g
magerer, roher Schinken	20 g
Orange	150 g

9. Tag

Frühstück	
Kaffee oder Tee	
Hafergrütze: Milch, 0,3 % Fett	150 g
Wasser	150 g
Haferflocken	30 g
Orangensaft	100 g

Zwischenmahlzeit	Menge
Vollkornbrot	100 g
Radieschen	100 g
Butter/Margarine	15 g
Camembert, 45 % F. i. Tr.	20 g
Mittagessen	
1 kleine Poulardenkeule, gegrillt	120 g
Zucchini-Tomaten-Gemüse: Zucchini	200 g
Tomaten	150 g
Zwiebeln	50 g
Olivenöl	5 g
Mehl	5 g
Kartoffeln	200 g
Zwischenmahlzeit	
Pfirsichkuchen (Quark-Öl-Teig)	150 g
Abendessen	
Grünkernbratlinge: Grünkernschrot	50 g
Gemüsebrühe	125 g
Zwiebel	25 g
Sellerie	30 g
Kräuter/Gewürze	5 g
$^1/_2$ Ei	25 g
Semmelmehl	5 g
mageres Hackfleisch	30 g
Rapsöl zum Braten	15 g
Endiviensalat	50 g
Joghurt, 1,5 % Fett	20 g
Senf/Kräuter	5 g
Öl	5 g
Spätmahlzeit	
Joghurt, 1,5 % Fett	150 g
Marzipan	20 g

10. Tag

Frühstück	Menge
Kakaogetränk: Milch, 1,5 % Fett	150 g
Kakaopulver	10 g
Mehrkorntoast	75 g
Butter/Margarine	10 g
Marmelade	25 g
Zwischenmahlzeit	
Weizenbrötchen	50 g
Bierschinken	30 g
Mittagessen	
Schweinesteak vom Grill	120 g
Chicorée, überbacken: Chicorée	150 g
Reibkäse, 30 % F. i. Tr.	10 g
Öl	10 g
Mehl	10 g
Spaghetti (Rohgewicht)	70 g
Öl	3 g
Zwischenmahlzeit	
Müsli aus: Haferflocken	30 g
Obst (Pfirsich)	100 g
Joghurt, 0,3 % Fett	50 g
Zitronensaft	
Abendessen	
Grahambrot	100 g
Butter/Margarine	15 g
Makrelenfilet	60 g
Rettichsalat:	
Rettich	150 g
Öl	5 g
Spätmahlzeit	
Honigmelone	300 g

1500-Kalorien-Plan streng fettarm (20 % Fett) mit Austauschvorschlägen

Dieser 1500-Kalorien-Plan enthält etwa: 20 % Fett, 65 % Kohlenhydrate, 15 % Fett. Wählen Sie zu jeder Mahlzeit aus den verschiedenen Gruppen (Frühstück: 5, erste Zwischenmahlzeit: 1, Mittagessen: 5, zweite Zwischenmahlzeit: 3, Abendessen: 5) jeweils ein Nahrungsmittel aus. Sie haben somit die Möglichkeit, Ihren Tageskostplan abwechslungsreich zu gestalten. Gleichzeitig entspricht Ihre Versorgung an den Nährstoffen Eiweiß, Fett, Kohlenhydraten den wissenschaftlichen Empfehlungen.

Frühstück

• 0 Kcal	Kaffee oder Tee (mit etwas Milch)
• 200 kcal	Roggenbrötchen (100 g) oder 2 Scheiben Pumpernickel (200 g) oder 2 Scheiben Grahambrot (100 g) oder 6 Scheiben Knäckebrot (60 g) oder 8 EL Cornfakes (60 g) oder 4 EL Haferflocken (60 g)
• 75 kcal	2 TL Butter (10 g) oder 2 TL Margarine, ungehärtet (10g)
• 50 kcal	2 TL Honig (20 g) oder 2 TL Konfitüre (20 g) oder 1 Glas Gemüsesaft (200ml) oder $^1/_2$ Glas Fruchtsaft (100 ml) oder 3 Tomaten (150 g) oder 2 Paprika (250 g) oder 40 Radieschen (350 g)
• 50 kcal	1 Tasse Buttermilch (150 ml) oder $^1/_2$ Glas Trinkmilch, 1,5 % Fett (100 ml), oder 1 Glas Joghurt, 1,5% Fett (110 g), oder 2 EL Magerquark (70 g) oder 2 EL Schichtkäse (60 g) oder 1 dünne Scheibe Schnittkäse, 40 % F. i. Tr. (20 g), oder 1 Portion Limburger, 20 % F. i. Tr. (30 g), oder 1 Scheibe

	gekochter Schinken (40 g) oder 2 dünne Scheiben magerer, roher Schinken (40 g) oder 1 Scheibe Bierschinken (30 g)

Zwischenmahlzeit

0 kcal	Tee, Mineralwasser
100 kcal	1 Apfel (200 g) oder 1 Birne (200 g) oder 2 kleine Apfelsinen (300 g) oder 1 Banane (150 g) oder 5 Aprikosen (250 g) oder 1 Pampelmuse (400 g) oder 1 Schälchen Beerenobst (250 g) oder 2 Scheiben frische Ananas (100 g) oder 1 Schälchen Weintrauben (150 g) oder 2 kleine Pfirsiche (200 g)

Mittagessen

0 kcal	Tee, Mineralwasser
125 kcal	120 g mageres Kalbfleisch oder 120 g mageres Schweinefleisch oder 120 g mageres Rindfleisch oder 120 g Wildfleisch oder 120 g Geflügelfleisch oder 120 g Forellenfilet oder 150 g Kabeljaufilet oder 150 g Schollenfilet oder 60 g Lachsfilet oder 60 g Heringsfilet oder $1^1/_2$ Ei
50 kcal	Auberginen (250 g) oder Blumenkohl (200 g) oder grüne Bohnen (150 g) oder Brokkoli (200 g) oder Champignons (300 g) oder Chicorée (300 g) oder grüne Erbsen (70 g) oder Grünkohl (130 g) oder Kohlrabi (200 g) oder Kürbis (200 g) oder Mangold (350 g) oder Möhren (200 g) oder Paprika (250 g) oder Porree (200 g) oder Rosenkohl

	(150 g) oder Rote Bete (120 g) oder Rotkohl (250 g) oder Schwarzwurzeln (300 g) oder Spargel (250 g) oder Spinat (350 g) oder Tomaten (300 g) oder Weißkohl (200 g) oder Wirsing (200 g) oder Zucchini (250 g). Ohne Anrechnung: Blattsalate, Salatgurke
● 200 kcal	3 große Kartoffeln (300 g) oder 8 gehäufte EL gekochte Nudeln (200 g) oder 8 EL gekochter Reis (200 g) oder 2 kleine Semmelknödel (100 g) oder 2 Kartoffelknödel (160 g) oder 2 Scheiben Brot (100 g)
● 50 kcal	1 TL Öl (4 g) oder 1 TL Butter (5 g) oder 1 TL Margarine, ungehärtet

Zwischenmahlzeit

● 0 kcal	Kaffee oder Tee (mit etwas Milch)
● 75 kcal	1 Glas Buttermilch (200 ml) oder 1 Tasse Trinkmilch, 1,5 % Fett (150 ml), oder 1 Becher Joghurt, 1,5 % Fett (175 g), oder 3 El Magerquark (100 g) oder 1 Apfel (150 g) oder 1 Birne (150 g) oder 1 große Apfelsine (200 g) oder 1 kleine Banane oder 4 Mandarinen (200 g) oder 4 Pflaumen (150 g) oder1 Nektarine (150 g)
● 100 kcal	3 Scheiben Sesamknäckebrot (30 g) oder 2 EL zuckerfreie Müslimischung (30 g) oder 2 EL Haferflocken (30 g) oder 1 kleine Laugenbrezel (40 g)

Abendessen

0 kcal	Tee, Mineralwasser
200 kcal	2 Scheiben Pumpernickel (100 g) oder 2 Scheiben Grahambrot (100 g) oder 2 Scheiben Leinsamenbrot (100 g) oder 6 Scheiben Knäckebrot (60 g) oder 2 Scheiben Vollkornbrot (100 g) oder 4 Scheiben Toastbrot (80 g) oder 2 Laugenbrötchen (100 g)
75 kcal	2 TL Butter (10 g) oder 2 TL Margarine, ungehärtet (10 g), oder 1 EL Öl (8 g)
100 kcal	4 EL Magerquark (120 g) oder 3 EL Frischkäse mit Kräutern, 20% F. i. Tr. (80 g), oder 1 Portion Mozzarella (50 g) oder 1 Portion Kochkäse, 10 % Fett (100 g), oder 1 kleines Stück Camembert, 45 % F. i. Tr. (40 g), oder 1 dünne Scheibe Schnittkäse, 30–40 % F. i. Tr. (20 g), oder 1 Stück Schafskäse, 40 % F. i. Tr. (50 g), oder 3 Scheiben Sülzwurst (75 g) oder 2 Scheiben Kassleraufschnitt (40 g) oder 2 Scheiben magerer Bratenaufschnitt (80 g) oder 2 Scheiben magerer, gekochter Schinken (80 g) oder 1 kleines geräuchertes Makrelenfilet (45 g) oder 1 kleine Scheibe geräucherter Lachs (30 g) oder 2 kleine geräucherte Forellenfilets (80 g) oder 3 Sardinen (45 g)
50 kcal	2 kleine Paprika (250 g) oder 5 Tomaten (250 g) oder 4 Bund Radieschen (350 g) oder 10 grüne Oliven (40 g) oder 1 Schälchen eingelegte Rote Bete (120 g) oder 4 Gewürzgurken (200 g)

Speiseplan für 10 Tage – streng fettarm[1]

	Frühstück	Zwischenmahlzeit	Mittagessen
1. Tag	Vollkornbrot pikanter Quark	Früchtebrot Banane	Kalbsragout Reis Kopfsalat Backobst
2. Tag	Grahambrot Butter, halbfett Marmelade/Honig	Brötchen gekochter Schinken	Fischfilet in Senfsoße Kartoffeln Endiviensalat Schokoladenpudding
3. Tag	Weizenmischbrot Butter/Margarine Marmelade/Honig	Grahambrötchen Schnittkäse, 30 % F. i. Tr. 1 kleine Birne	Rinderroulade Brokkoli mit Semmelbröseln Kartoffeln frisches Obst
4. Tag	Vollkornbrot Butter/Margarine Kochkäse, 10 % F. i. Tr.	Karotten-Rohkost Sesambrötchen	Linsen-Gemüse-Eintopf rote Grütze
5. Tag	Roggenbrötchen Butter/Margarine Marmelade/Honig	Joghurt, 0,3 % Fett, mit Kleie und Orange	Graupensuppe Kasseler Wirsinggemüse Kartoffelbrei Fruchteis
6. Tag	Hafergrütze Orangensaft	Vollkornbrot Frischkäse Rettich	Steinpilzsuppe Schollenfilet auf Gurkengemüse Basmatireis
7. Tag	Roggenbrot Butter/Margarine Marmelade/Honig	Gemüsesaft Kümmelstange	Rehsteak Rotkohl Kartoffelknödel Fruchtgelee
8. Tag	Cornflakes mit Milch und Banane	Roggenbrötchen Kassleraufschnitt	Hühnerbrühe mit Nudeln Blumenkohl mit Käsesoße Kartoffeln
9. Tag	Vollkorntoast Butter/Margarine Marmelade/Honig	Schokoladenmilch Kekse	Gemüsesuppe Kräuterquark Backofenkartoffeln Tomatensalat
10. Tag	Graubrot Butter/Margarine Marmelade/Honig	Schrotbrötchen Butter/Margarine Corned Beef Obst	Gemüsesuppe Heringstopf Pellkartoffeln

1) Nährwerte im Durchschnitt: 2070 kcal/8650 kJ, 55 g Fett (24 %), 300 g Kohlenhydrate (60 %), 80 g Eiweiß (15 %)

Zwischenmahlzeit	Abendessen	Spätmahlzeit
Leinsamenbrot Butter/Margarine Honig	bunte Salatplatte Camembert Bauernbrot	Mandarinen
gemischtes Kompott Cornflakes	Gemüsetopf „provenza-lisch“ Teigwaren	Joghurt mit Früchten und Haferkleie
Kekse Weintrauben	Labskaus Gewürzgurke Rote Bete	Milchmixgetränk Vollkornzwieback
Leinsamenbrot Butter/Margarine Marmelade	Nudelsalat mit Meeres-früchten Brot	trockener Weißwein Laugenbrötchen
Brezel	Pizza Kopfsalat mit Fenchel	Obstsalat
Zwieback Marmelade	bunter Gemüsesalat Roggenbrot	Honigmelone Russisch-Brot
Hefezopf	gefüllte Paprikaschoten mit Tomatensoße Feldsalaat wilder Reis	Fruchtjoghurt Pumpernickel
Müsli	belegte Brote mit geräu-cherter Makrele Wein	Obst
Backpflaumen	Rindfleisch mit Meerret-tichmayonnaise Selleriesalat Schrotbrot	Hafer-Obst-Speise
Hefegebäck Aprikosen	Zwieback-Auflauf mit Apfelmus	Laugenstange Bier

1. Tag

Frühstück	Menge
Kaffee oder Tee	
Milch, 0,3 % Fett	100 g
Roggenvollkornbrot	80 g
Tomatenquark: Speisequark, Magerstufe	50 g
Tomatensaft	20 g
Kräuter und Gewürze	
Zwischenmahlzeit	
Früchtebrot	100 g
Banane	100 g
Mittagessen	
Kalbsragout: Kalbfleisch	100 g
Öl	5 g
Mehl	5 g
Kopfsalat	50 g
Öl	5 g
Reis (Rohgewicht)	60 g
Kompott aus Backobst (Rohgewicht)	40 g
Zwischenmahlzeit	
Kaffee oder Tee	
Leinsamenbrot	100 g
Butter/Margarine	10 g
Honig	20 g
Abendessen	
Bunte Salatplatte: Bohnen, weiß, trocken	50 g
Weißkohl	100 g
Paprika	100 g
Öl	5 g
Kräuter und Gewürze	
Bauernbrot	60 g
Camembert, 40 % F. i. Tr.	30 g

Spätmahlzeit	Menge
Mandarinen	150 g

2. Tag

Frühstück	
Kaffee oder Tee	
Grahambrot	100 g
Butter/Margarine	20 g
Marmelade	25 g
Zwischenmahlzeit	
Roggenbrötchen	50 g
gekochter Schinken	20 g
1 Banane	100 g
Mittagessen	
Fischfilet in Senfsoße: Seelachsfilet	120 g
Mehl	10 g
Öl	10 g
Senf, 1 TL	
Kartoffeln	200 g
Endivien- oder Kopfsalat	50 g
Öl	5 g
Schokoladenpudding:	
Milch, 1,5 % Fett	150 g
Schokoladen-Puddingpulver	15 g
Birne, gekocht	100 g
Zucker	10 g
Zwischenmahlzeit	
gemischtes Kompott: Apfel, Pflaumen	je 100 g
Rosinen	10 g
Zitronensaft	
Cornflakes	30 g

Abendessen	Menge
Gemüsetopf „provenzalisch“: Öl	5 g
Zwiebeln, Paprikaschote	je 50 g
Zucchini, Auberginen, Tomaten	je 100 g
Weißwein	100 ml
Salz und Gewürze	
Teigwaren (Rohgewicht)	80 g
Spätmahlzeit	
fettarmer Fruchtjoghurt mit	150 g
Weizen- oder Haferkleie	10 g

3. Tag

Frühstück	
Kaffee oder Tee	
Weizenmischbrot	100 g
Butter/Margarine	10 g
Marmelade/Honig	25 g
Zwischenmahlzeit	
Grahambrötchen	50 g
Schnittkäse, 30% F. i. Tr.	20 g
Birne	150 g
Mittagessen	
Rinderroulade:	100 g
1 TL Senf	
Gewürzgurke	50 g
Zwiebel	20 g
Salz, Pfeffer	
Öl	5 g
Brokkoli	250 g
Butter	10 g
Semmelbrösel	10 g
Kartoffeln	200 g
Apfel	150 g

Zwischenmahlzeit	Menge
Tee mit Zitrone	
Kekse	30 g
Weintrauben	150 g
Abendessen	
Labskaus: Öl	5 g
Zwiebeln	20 g
Corned Beef	50 g
Kartoffeln	250 g
Gewürzgurke	100 g
Rote Bete	150 g
Spätmahlzeit	
Milchmixgetränk: Milch, 0,3 %	100 g
Pfirsiche	100 g
Zitronensaft	
Zucker	5 g
Vollkornzwieback	35 g

4. Tag

Frühstück	
Kaffee oder Tee	
Vollkornbrot	100 g
Butter/Margarine	10 g
Kochkäse, 10 % F. i. Tr.	25 g
Zwischenmahlzeit	
Rohkost aus: Karotten, Äpfel	je 100 g
Sahne	5 g
Haselnüsse	5 g
Zitronensaft	
1 Prise Zucker	
1 Sesambrötchen	50g

Mittagessen	Menge
Linseneintopf: Linsen	60 g
Suppengemüse, gemischt	100 g
Zwiebel	25 g
Öl	5 g
roher, magerer Schinken	15 g
Kartoffeln	100 g
rote Grütze aus: Johannisbeeren	150 g
Himbeeren	50 g
Stärkemehl	10 g
Zitronensaft	
Zucker	10 g
Zwischenmahlzeit	
Kaffee oder Tee	
Leinsamenbrot	100 g
Butter/Margarine	15 g
Pflaumenmarmelade	25 g
Abendessen	
Nudelsalat mit Meeresfrüchten: Hörnchennudeln	40 g
Paprika	100 g
Erbsen	50 g
Tomaten	50 g
Olivenöl	10 g
Kräuter, Salz, Pfeffer, Essig	
Lachs, geräuchert	30 g
Krabben (Garnelen)	25 g
Leinsamenbrot	50 g
Spätmahlzeit	
Laugenbrötchen	50 g
$^1/_8$ l trockener Weißwein	125 g

5. Tag

Frühstück	Menge
Kaffee oder Tee	
Roggenbrötchen	100 g
Butter/Margarine	10 g
Marmelade/Honig	25 g
Zwischenmahlzeit	
Apfelsine	100 g
Joghurt, 0,3 % Fett, mit	150 g
Kleie	10 g
Mittagessen	
Gemüsebrühe mit Graupen	20 g
Kasseler, ohne Fettrand	80 g
Wirsing	150 g
Öl	3 g
Kartoffeln für Brei	200 g
Milch, 0,3 % Fett	50 g
Fruchteis	120 g
Zwischenmahlzeit	
Brezeln	100 g
Abendessen	
Pizza: Hefeteig	100 g
Senf	10 g
Öl	10 g
Tomaten	200 g
Zwiebeln	50 g
Champignons	100 g
Edamerkäse, 30 % F. i. Tr., gerieben	40 g
Kopfsalat mit	50 g
Fenchel	150 g
Öl	5 g
Essig, Salz, Kräuter	

Spätmahlzeit	Menge
Obstsalat: Apfel	100 g
Banane	80 g
Mandarine	50 g
Zitronensaft	

6. Tag

Frühstück	
Hafergrütze mit Milch: Haferflocken	40 g
Kleie	10 g
etwas Wasser	
Milch, 0,3 % Fett	100 g
Rosinen	15 g
Orangensaft	125 g
Zwischenmahlzeit	
Vollkornbrot	50 g
Frischkäse, 20% F. i. Tr.	20 g
Rettich	100 g
Mittagessen	
Steinpilzsuppe	$^1/_4$ l
Schollenfilet auf	150 g
Zucchinigemüse:	250 g
Öl	10 g
Mehl	5 g
Tomatenmark	10 g
Reis (Rohgewicht)	75 g
Zwischenmahlzeit	
Tee mit Zitrone	
Zwieback	50 g
Marmelade	25 g

Abendessen	Menge
bunter Gemüsesalat: Zucchini	150 g
Erbsen	100 g
rote und gelbe Paprika	je 50 g
Gurke	100 g
Öl	10 g
Salz, Pfeffer, Essig	
Roggenbrot	100 g
Spätmahlzeit	
Honigmelone	300 g
Russisch-Brot	50 g

7. Tag

Frühstück	
Kaffee oder Tee	
Roggenbrot	80 g
Butter/Margarine	10 g
Marmelade/Honig	25 g
Zwischenmahlzeit	
Gemüsesaft	200 g
Kümmelstange	50 g
Mittagessen	
Rehsteak	100 g
Mehl	5 g
Öl	5 g
Rotkohl	150 g
Öl	5 g
Zwiebeln	20 g
Apfel	50 g
Kartoffelklöße aus: Kartoffelkloßmehl	60 g
Flüssigkeit	ca. $^1/_4$ l
frisches Obst	150 g

Zwischenmahlzeit	Menge
1 Stück Hefezopf	150 g
Abendessen	
gefüllte Paprikaschoten: Paprikaschoten	200 g
Champignons	100 g
Zwiebeln	20 g
Petersilie	
Öl	5 g
gekochter Schinken	20 g
wilder Reis (Rohgewicht)	60 g
Kopfsalat	50 g
Öl	5 g
Essig, Salz, Pfeffer, Kräuter	
Spätmahlzeit	
fettarmer Fruchtjoghurt, ohne Zucker	150 g
Pumpernickel	50 g

8. Tag

Frühstück	
Kaffee oder Tee	
Cornflakes mit	30 g
Milch, 0,3 % Fett	150 g
Banane	150 g
Zwischenmahlzeit	
Roggenbrötchen	50 g
Butter/Margarine	10 g
Kassleraufschnitt	20 g

Mittagessen	Menge
Hühnerbrühe, entfettet, mit	$^1/_4$ l
Fadennudeln	15 g
Blumen- oder Weißkohl mit	200 g
Käsesoße: Öl	10 g
Mehl	10 g
Schmelzkäse, 30 % F. i. Tr.	25 g
Gemüsebrühe	
Kartoffeln	200 g
Petersilie	5 g
Zwischenmahlzeit	
Müsli aus: Joghurt, 0,3 % Fett	150 g
Mandarine	50 g
Getreideflocken	25 g
Rosinen	20 g
Nüsse	10 g
Zucker	5 g
Abendessen	
Grahambrot	100 g
Butter/Margarine	15 g
Makrele	60 g
Zwiebel	5 g
Radieschen	100 g
1 Glas Wein	200 g
Spätmahlzeit	
Obst der Saison	200 g

9. Tag

Frühstück	
Kaffee oder Tee	
Roggentoastbrot	100 g
Butter	20 g
Marmelade/Honig	30 g

Zwischenmahlzeit	Menge
Schokotrunk: Milch, 0,3 % Fett	150 g
Schokoladenpulver	6 g
Vollkornkekse	30 g
Mittagessen	
Gemüsesuppe: Gemüse, gemischt	100 g
Öl	5 g
Reis	10 g
Kräuterquark[1]: Speisequark, Magerstufe	100 g
Zwiebeln	20 g
Kräuter	
Backblechkartoffeln: Kartoffeln	250 g
Öl	5 g
Kümmel	
Tomaten	200 g
Essig und Gewürze	
Zwischenmahlzeit	
Backpflaumen	50 g
Abendessen	
gekochtes Rindfleisch mit	60 g
Meerrettichmayonnaise, 30 % Fett	15 g
Gewürzgurke	100 g
Schrotbrot	100 g
Selleriesalat (Glas)	150 g
Spätmahlzeit	
Hafer-Obst-Speise: Haferflockenmüsli	40 g
Kleie	10 g
Wasser zum Einweichen	
frisches Obst der Saison	200 g

1) Tipp: Zum Kräuterquark schmecken außer Kräutern (Dill, Schnittlauch) auch klein geschnittener Sauerampfer, Radieschen, frische, klein geschnittene Gurken und geriebene Möhren

10. Tag

Frühstück	Menge
Kaffee oder Tee	
Graubrot	100 g
Butter/Margarine	20 g
Marmelade/Honig	25 g
Zwischenmahlzeit	
Kürbiskernbrötchen	50 g
Butter	10 g
Obst	200 g
Mittagessen	
Gemüsesuppe, gebunden	$^1/_4$ l
Heringstopf: Heringsfilet	80 g
Äpfel	100 g
Zwiebel	50 g
Gewürzgurke	50 g
Joghurt, 0,3 % Fett	100 g
Sahne, 10 % Fett	30 g
Pellkartoffeln	250 g
Zwischenmahlzeit	
Hefegebäck	50 g
Aprikosen	100 g
Zwischenmahlzeit	
Zwiebackauflauf: Zwieback	100 g
Milch, 1,5 % Fett	100 g
Ei	25 g
Zitronensaft	
Butter	5 g
Zucker	10 g
Apfelmus	250 g
Spätmahlzeit	
Laugenstange	50 g
1 kleines Bier	330 g

Diätvorschrift bei Hypercholesterinämie (Kleinkinder ab 6 Monaten)

Da bei Kleinkindern die übliche Ernährung aus Vollmilch, aus Milchbreien, aus Obstbreien und aus Gemüsebreien mit Fleisch, Geflügel oder Ei besteht, kann die Ernährung bei Hyperlipoproteinämie wie folgt angepasst werden:

- Statt Vollmilch entrahmte Milch (0,3 % Fett) verwenden. Auf einen Liter Milch nimmt man 3 EL linolsäurereiches Öl und mixt es mit einem Quirl, um ein Absetzen des Öles zu vermeiden. Diese mit Öl angereicherte Magermilch kann auch zur Herstellung von Milchbreien verwendet werden.

- Von den käuflichen Babynahrungen sind die mit Innereien hergestellten nicht geeignet. Gemüsebreie mit Geflügel, Kalb- oder Rindfleisch und Obstbreie können dagegen unbedenklich verwendet werden.

- Sobald das Kind an der Ernährung der Erwachsenen teilnehmen kann, gelten die Regeln für die Dauerdiät bei Fettstoffwechselerkrankungen (S. 34f.)

Streng fettarme Kost bei exogener Hypertriglyzeridämie

Sehr selten ist eine Hypertriglyzeridämie, bei der der Körper das Nahrungsfett im Blut nicht abbauen kann (exogene Hypertriglyzeridämie, Typ-1-Hyperlipoproteinämie). Sie wird häufig bereits bei Kindern erkannt und muss mit einer streng fettarmen Kost behandelt werden (weniger als 25–35 g Fett pro Tag, einschließlich der versteckten Fette). Als Streich- und Kochfett kann MCT-Margarine und MCT-Öl verwendet werden (zusätzlich erlaubt!). Ein Tagesbeispiel:

		Menge
• Frühstück	Brötchen	90 g
	Marmelade/Honig	30 g
• Zwischenmahlzeit	Knäckebrot	40 g
	Magerquark	100 g
• Mittagessen	Feldhase	150 g
	Rotkraut	200 g
	Zwiebeln	50 g
	Kloßmehl	50 g
	Apfelbrei (Dose)	150 g
• Zwischenmahlzeit	Milchmixgetränk: Buttermilch	150 g
	Orangensaft	100 g
• Abendessen	Mischbrot	100 g
	magerer, gekochter Schinken	100 g
	Harzerkäse	80 g
	Tomaten	150 g
	Kräuter	
	Salz, Pfeffer	
• Spätmahlzeit	Birne	150 g
• Nährwerte:	2115 kcal/8365 kJ, Eiweiß 130 g, Kohlenhydrate 295 g, Fett 20 g	

Tagesbeispiel bei exogen-endogener Hypertriglyzeridämie

Gelegentlich besteht eine Hypertriglyzeridämie, bei der sowohl Nahrungsfette als auch Kohlenhydrate (vor allem zuckerhaltige Lebensmittel und Getränke) ungünstig wirken (exogen-endogene Hypertriglyzeridämie, Typ-V-Hyperlipoproteinämie). Alkohol ist hier besonders schädlich! Die Ernährung ist eiweißreich, fett- und zuckerarm. Ein Tagesbeispiel:

		Menge
• Frühstück	Mischbrot (2 Scheiben)	80 g
	Butter/Margarine	20 g
	Käse, 20% F. i. Tr.	30 g
• Zwischenmahlzeit	Obst-Quark-Speise: Magerquark	125 g
	Beerenobst	150 g
• Mittagessen	Kalbfleisch (Bug)	150 g
	Mehl	10 g
	Öl	10 g
	Reis, Nudeln (Rohgewicht)	60 g
	Erbsen oder anderes Gemüse	200 g
	Butter	5 g
• Zwischenmahlzeit	Brot	50 g
	Butter/Margarine	5 g
	magere Schinkensülze	30 g
• Abendessen	Roggenmischbrot	80 g
	Salat aus Kabeljaufilet	150 g
	oder Hühnerbrust:	125 g
	Tomate	100 g
	Gurke (frisch)	50 g

		Menge
	Paprika	100 g
	Kräuter	
	Öl	10 g
	Magerjoghurt	50 g
• Spätmahlzeit	Apfel oder anderes Obst	100 g
• Nährwerte:	2100 kcal/8595 kJ, Eiweiß 120 g, Kohlenhydrate 215 g, Fett 65 g	

Der nun folgende Rezeptteil bringt, zusätzlich zu den Menüs der vorhergehenden Tabellen (S. 44ff., 62ff.), Beispiele für weitere Mahlzeiten. Auch hier ist die erwünschte Fettsäurezusammensetzung und Fettmenge gewährleistet.

Und nun, einen guten Start!

Abkürzungen

F	Fett
KH	Kohlenhydrate
EW	Eiweiß (Protein)
CH	Cholesterin

Suppen und Eintöpfe

Holundersuppe

2 Portionen:

½ l	*Wasser*
¼ Stange	*Zimt*
	Zitronenschale, ungespritzt
250 g	*reife Holunderbeeren (oder tiefgekühlt)*
1 TL	*Kartoffelstärke*
	Salz
½ TL	*Zucker*
evtl. ¼ Tasse	*Weißwein*
	Semmelbrösel

- Wasser mit der Zimtstange und Zitronenschale aufkochen. Die gewaschenen Holunderbeeren dazugeben und ca. 1 Stunde (oder 5 Minuten im Schnellkochtopf) garen. Anschließend die Beeren durch ein Sieb streichen.
- Die Suppe mit Kartoffelstärke binden und nochmal aufkochen lassen. Mit Salz, Zucker und Weißwein abschmecken.
- Mit gerösteten Semmelbröseln anrichten.

Tipp

Die Semmelbrösel können durch Brotwürfel ersetzt werden.

Nährwerte pro Portion: 0 g F, 0 mg CH, 15 g KH, 5 g EW, 90 kcal/370 kJ

Tomatensuppe

2–4 Portionen:

2	*Boskop-Äpfel*
1 große	*Zwiebel oder Schalotten*
etwas	*Butter*
1 große Dose	*Tomaten*
2 EL	*Honig*
1 EL	*Sesamsaat*
	Thymian oder Rucola

- Die Äpfel schälen und in Stücke schneiden. Zwiebel oder Schalotten würfeln und in einem Topf in Butter dünsten. Tomaten, Äpfel und Honig dazugeben. Alles 20–25 Minuten köcheln lassen.
- Anschließend alles pürieren (oder durch ein Haarsieb geben).
- Sesamsaat und etwas frischen Thymian oder Rucola über die Suppe geben.

Tipp

Dieses Gericht ist auch als Soße für Nudeln geeignet.

Nährwerte pro Portion: 2 g F, 0 mg CH, 20 g KH, 3 g EW, 120 kcal/490 kJ

Mangold-Linsen-Suppe

2–4 Portionen:

200 g	*helle, geschälte Linsen*
1 1/2 l	*Wasser*
200 g	*Mangold*
1 Stange	*Lauch*
3 EL	*Olivenöl*
1 1/2 EL	*gehackte Zwiebeln*
	Salz, Pfeffer
	Safran
1–2 TL	*Curry*

- Die Linsen waschen und in Wasser aufsetzen, zum Kochen bringen und ca. 40 Minuten simmern lassen.
- Die dicken weißen Stiele aus den Mangoldblättern herausschneiden. Die grünen Blätter aufeinander legen und in sehr dünne Streifen schneiden. Gründlich waschen. Die Lauchstange waschen und in dünne Scheiben schneiden.
- In einem Topf Öl erhitzen, die Zwiebeln dazugeben und bei kleiner Hitze einige Minuten garen. Mangold und Lauch dazugeben, ca. 8–10 Minuten gar dünsten. Salzen, pfeffern.
- Wenn die Linsen gar sind, die Hälfte mit dem Mixstab pürieren und zurück ins Kochwasser geben.
- Das Gemüse und Safran dazugeben und alles noch einige Minuten köcheln lassen, mit dem Curry abschmecken und heiß servieren.

Tipp

Die Suppe schmeckt auch vorzüglich, wenn Sie statt Curry Tomatenpüree zum Würzen verwenden.

Nährwerte pro Portion: 8 g F, 0 mg CH, 28 g KH, 13 g EW, 245 kcal/1030 kJ

Sauerampfersuppe

2 Portionen:

2 Hand voll	*Sauerampfer*
2 EL	*Butter (oder hochwertige Margarine)*
$^1/_2$ l	*Brühe*
1 Scheibe	*Vollkornbrot*
2 TL	*saure Sahne, 10 % Fett*

- Sauerampfer gründlich waschen, in der Butter dünsten und mit kochender Brühe übergießen.
- Vollkornbrot zerreiben oder im Mixer zerkleinern und zur Suppe geben. Im geschlossenen Topf auf kleiner Flamme 20 Minuten garen. Auf jede Portion etwas saure Sahne geben.

Tipp

Zu dieser Suppe passt frisches Stangenweißbrot besonders gut.

Nährwerte pro Portion: 2 g F, 25 mg CH, 5 g KH, 2 g EW, 50 kcal/210 kJ

Kürbiscremesuppe

2–4 Portionen:

40 g	*magerer Kochspeck*
1 große	*Zwiebel*
2	*Knoblauchzehen*
evtl. etwas	*Öl*
1/2 kleine Dose	*Tomaten*
500 g	*Kürbisfleisch*
	Rosenpaprika, Pfeffer, Salz
1/2 l	*Wasser*
2 EL	*saure Sahne, 10 % Fett*
	gehackter Dill

- Mageren Kochspeck klein schneiden, im Topf glasig braten, die gehackte Zwiebel und die gehackten Knoblauchzehen dazugeben, leicht anbraten, eventuell etwas Öl zugeben, mit den Tomaten ablöschen.
- Kürbisfleisch würfeln, dazugeben, mit Rosenpaprika, Pfeffer und Salz und dem Wasser 10 Minuten kochen lassen. Dann mit dem Mixstab pürieren. Weitere 10 Minuten köcheln lassen.
- Beim Servieren je 1 TL saure Sahne in die Mitte setzen und mit gehacktem Dill bestreuen.

Nährwerte pro Portion: 1 g F, 10 mg CH, 10 g KH, 5 g EW, 105 kcal/441 kJ

Rote-Bete-Eintopf

2 Portionen:

1 Tasse	*Naturreis*
1 $^1/_2$ l	*Brühe*
2–3	*Rote Bete*
1 Stange	*Lauch*
1	*Apfel*
1–2 EL	*geriebener Meerrettich*
	Zitronensaft
	Salz, Pfeffer
1 EL	*saure Sahne, 10 % Fett*
	gehackte Petersilie

- Den Reis gründlich waschen und in 2 Tassen Brühe gar kochen.
- Die Rote Bete kochen, danach schälen. Eine halbe Knolle in kleine Würfel schneiden und die restliche Rote Bete mit etwas Brühe pürieren.
- Den Lauch gründlich waschen und in feine Streifen schneiden.
- Den Apfel waschen und in Würfel schneiden.
- Den Reis, die Rote Bete, den Lauch und den Apfel mit der restlichen Brühe vermischen und den Eintopf noch 2–3 Minuten kochen lassen. Mit Meerrettich, Zitronensaft, Salz und Pfeffer abschmecken. Die saure Sahne dazugeben und mit der Petersilie anrichten.

Nährwerte pro Portion: 2 g F, 0 mg CH, 20 g KH, 3 g EW, 100 kcal/420 kJ

Lauch-Kartoffel-Suppe

2 Portionen:

2 mittelgroße	*fest kochende Kartoffeln*
1 Stange	*Lauch*
1 EL	*Olivenöl*
1/2 l	*Hühnerbrühe*
	Salz, Pfeffer

- Kartoffeln schälen, würfeln. Lauch waschen und in Ringe schneiden.
- In einem Topf Öl erhitzen, die Kartoffeln und den Lauch darin dünsten, salzen. Dann mit Hühnerbrühe aufgießen und garen.
- Mit dem Elektroquirl die Suppe nur kurz pürieren. Mit Salz und grob geschrotetem Pfeffer abschmecken.

Nährwerte pro Portion: 5 g F, 0 mg CH, 20 g KH, 5 g EW, 180 kcal/755 kJ

Eintopf aus Kichererbsen

2 Portionen:

100 g	*Kichererbsen*
1/2 l	*Wasser*
1	*Zwiebel*
100 g	*mageres Hackfleisch*
1 TL	*Maiskeimöl*
2	*Knoblauchzehen*
	Salz, Cayennepfeffer
1 TL	*Curry*
1 TL	*Instant-Gemüsebrühe*
500 g	*Möhren*
	gehackte Petersilie

- Kichererbsen über Nacht in Wasser einweichen.
- Zwiebel würfeln und mit dem Hackfleisch in Öl anbraten, Knoblauchzehen mit Salz zerdrücken, mit Cayennepfeffer, Curry und der Gemüsebrühe würzen.
- Alles zu den eingeweichten Kichererbsen geben und kochen lassen.
- Nach 1/2 Stunde die in Würfel geschnittenen Möhren zugeben und die Suppe weitergaren. Nochmals abschmecken. Mit Petersilie bestreuen.

Nährwerte pro Portion: 3 g F, 30 mg CH, 20 g KH, 10 g EW, 145 kcal/620 kJ

Gurkensuppe mit Lachs

2 Portionen:

1	*Schlangengurke*
1 TL	*Olivenöl*
$^1/_2$ l	*ungesalzene Hühnerbrühe*
1 EL	*saure Sahne, 10 % Fett*
1 EL	*fettarmer Joghurt*
	Zitronensaft
	Salz, Curry
1 TL	*fein gehackter Dill*
250 g	*frischer Lachs (oder geräuchert)*

- Die Gurke schälen, halbieren, aushöhlen, in lange Streifen und dann in kleine Würfel schneiden. Öl in einem Topf heiß werden lassen, darin die Gurkenwürfel anschwitzen, mit der Brühe aufgießen und ca. 10 Minuten gar ziehen lassen.
- 4 EL Gurkenstücke aus dem Topf nehmen, den Rest mit dem Rührstab pürieren. Die Gurkenstücke wieder zurück in den Topf geben, die saure Sahne, den Joghurt und etwas Zitronensaft dazugießen. Salzen, mit Curry abschmecken und den Dill einstreuen.
- Inzwischen den Lachs in feine Streifen schneiden. 3 Minuten vor dem Servieren in die heiße Suppe geben und gar ziehen lassen (darf nicht mehr kochen).

Nährwerte pro Portion: 10 g F, 40 mg CH, 5 g KH, 25 g EW, 235 kcal/980 kJ

Salate und Gemüse

Feldsalat mit Walnüssen

4 Portionen:

100 g	*Feldsalat*
100 g	*frische Champignons*
50 g	*Walnüsse*
2 EL	*Walnussöl*
	Sherry- oder Himbeeressig
	Salz, Pfeffer

- Salatblätter waschen, die Stiele abschneiden, abtropfen lassen. Champignons waschen und abtrocknen. Die Köpfe in nicht zu feine Scheiben schneiden. Frische Walnüsse vierteln.
- Salat, Pilze und Nüsse auf einem Teller übereinander schichten. Mit der Vinaigrette aus Öl, Essig, Salz und Pfeffer übergießen.

Nährwerte pro Portion: 13 g F, 0 mg CH, 6 g KH, 5 g EW, 135 kcal/820 kJ

Löwenzahnsalat

2 Portionen:

2 Hand voll	*Löwenzahnblätter*
1	*Orange*
2 TL	*Öl*
1 EL	*Zwiebelwürfel (oder Schalotten)*
	Senf, Zitronensaft
	Salz, Pfeffer
½ Bund	*fein gehackter Dill*

- Die Löwenzahnblätter gut waschen und abtropfen lassen. Die Orangen schälen, halbieren und in Scheiben schneiden. Aus Öl, Zwiebeln, Senf, Zitronensaft, Salz, Pfeffer und Dill eine Marinade herstellen und über den Salat geben. Gut vermengen.

Nährwerte pro Portion: 2 g F, 0 mg CH, 15 g KH, 3 g EW, 90 kcal/380 kJ

Reis-Fisch-Salat

2 Portionen:

100 g	*Naturreis*
	Salz
¼ l	*Wasser*
3 große	*Tomaten*
150 g	*Thunfisch oder geräucherte Makrele*
4–6	*Sardellenfilets*
1 kleine Dose	*sehr feine Erbsen*
1 EL	*Öl*
2 EL	*Weinessig*
1 TL	*Senf*
	Pfeffer
1 EL	*gehackte Petersilie*
1 EL	*Schnittlauchröllchen*
1 TL	*gehackter Dill*

- Reis in Salzwasser garen, kalt werden lassen. Tomaten häuten und würfeln, Fisch grob zerpflücken, Sardellenfilets klein schneiden, die Erbsen zugeben.
- Alle Zutaten mit einer Marinade aus Öl, Essig, Senf, Pfeffer und den Kräutern vermengen, nochmals abschmecken.

Nährwerte pro Portion: 5 g F, 15 mg CH, 25 g KH, 10 g EW, 195 kcal/810 kJ

Bauernsalat

2 Portionen:

1/2	*Salatgurke*
2	*Tomaten*
1/2 Bund	*Radieschen*
1	*rote Zwiebel*
100 g	*frische Champignons*
2 TL	*Olivenöl*
1 TL	*Kräuteressig*
	Salz, Pfeffer, Oregano
60 g	*Schafskäse, 30 % Fett i. Tr.*
	fein gehackte Blattpetersilie

- Die Gemüse waschen. Salatgurke, Tomaten, Radieschen und Zwiebel in Würfel, Champignons in Scheiben schneiden.
- Salatsoße aus Öl, Essig, Salz, Pfeffer und Oregano bereiten, über den Salat geben.
- Schafskäse würfeln und mit der Petersilie über den Salat streuen.

Tipp

Zum Bauernsalat schmecken frische Roggenbrötchen besonders gut.

Nährwerte pro Portion: 6 g F, 10 mg CH, 10 g KH, 10 g EW, 140 kcal/510 kJ

Krautsalat

2–4 Portionen:

1 kleiner Kopf	*Weißkohl*
	Salz
	Wasser
	Essig
2 EL	*Öl*
1 kleine	*Zwiebel*
	Pfeffer
1 Prise	*Zucker*
evtl. etwas	*Kümmel*

- Den Kohl in Streifen schneiden, die starken Rippen entfernen und in reichlich kochendem Salzwasser 10 Minuten abkochen, in einem Sieb abtropfen lassen. Eine Marinade aus Essig, Öl, der klein geschnittenen Zwiebel, Pfeffer, Salz und Zucker herstellen und unter das abgekühlte Kraut mischen. Eventuell Kümmel für die Bekömmlichkeit zugeben.
- Zugedeckt mindestens 1 Stunde durchziehen lassen.

Nährwerte pro Portion: 5 g F, 0 mg CH, 15 g KH, 2 g EW, 95 kcal/400 kJ

Pfälzer Kartoffelsalat

2 Portionen:

200 g	*Pellkartoffeln*
1 kleiner	*Apfel*
1	*Schalotte*
3	*Gewürzgurken*
5–6 EL	*Brühe*
1 TL	*Sonnenblumenöl*
1 EL	*Essig*
	Salz, Pfeffer
	Schnittlauch

- Die Kartoffeln pellen und in Scheiben schneiden.
- Apfel und Schalotte schälen und würfeln. Gewürzgurken in Scheiben schneiden. Zutaten unter die Kartoffeln mischen.
- Brühe, Öl, Essig, Salz und Pfeffer verrühren, unter den Salat mischen, gut durchziehen lassen und mit Schnittlauch bestreuen.

Nährwerte pro Portion: 5 g F, 0 mg CH, 40 g KH, 5 g EW, 200 kcal/845 kJ

Linsensalat mit Garnelen

2 Portionen:

250 g	*rote Linsen*
	Salz
	Wasser
4 EL	*Olivenöl*
3 EL	*Weißwein*
1 EL	*Rotweinessig*
2 TL	*Dijonsenf*
1 TL	*Zucker*
	Pfeffer
4 große	*Garnelen*
1 TL	*Curry*
1 Bund	*Schnittlauch*

- Die Linsen ca. 10–15 Minuten in leicht gesalzenem Wasser weich kochen, anschließend abschütten.
- Für das Dressing Öl, Weißwein, Essig, Senf, Zucker, Pfeffer und Salz vermischen.
- Die Garnelen pfeffern, salzen und in einer Pfanne mit Öl von jeder Seite 2–4 Minuten leicht anbraten. Danach mit Curry bestreuen.
- Schnittlauch fein schneiden und zu den Linsen geben. Das Dressing darüber gießen und alles gut durchmischen.
- Den Salat mit den Garnelen anrichten.

Nährwerte pro Portion: 20 g F, 135 mg CH, 60 g KH, 40 g EW, 615 kcal/2575 kJ

Orientalischer Salat

2 Portionen:

1 EL	*Trockenpilze (chinesische oder indonesische)*
	Wasser
200 g	*gekochte Möhren*
200 g	*gekochtes Hühnerfleisch*
125 g	*gekochter magerer Schinken*
1	*grüne Paprikaschote*
1 Dose	*Champignons*
1 Dose	*Sojabohnenkeimlinge*
2 EL	*süße Sojasoße*
1 Becher	*Joghurt, 1,5 % Fett*
2 TL	*Senf*
2 EL	*Öl*
je 1 Prise	*Zucker, Curry*

- Trockenpilze in kaltem Wasser 1 Stunde einweichen, Wasser abschütten und mit 1 Tasse frischem Wasser ca. 15 Minuten garen.
- Möhren in Scheiben, Hühnerfleisch, Schinken und Paprika in Streifen schneiden. Champignons vierteln und alles mit den Sojabohnenkeimlingen mischen.
- Aus Sojasoße, Joghurt, Senf, Öl, Zucker und Curry eine Soße herstellen, über die Zutaten geben. Mindestens 20 Minuten ziehen lassen.

Tipp

Zum orientalischen Salat passt frisches Schrotbrot.

Nährwerte pro Portion: 10 g F, 50 mg CH, 10 g KH, 20 g EW, 210 kcal/885 kJ

Dicke Bohnen

2 Portionen:

200 g	*dicke Bohnen*
	Salz
	Wasser
1 EL	*Butter*
	Pfeffer
	Zitronensaft
1 EL	*saure Sahne*

- Die Bohnen in Salzwasser ca. 4–6 Minuten blanchieren. Danach die Kerne aus der Schale drücken und in Butter in einer Pfanne dünsten. Mit Salz, Pfeffer und reichlich Zitronensaft abschmecken. Zum Schluss die saure Sahne dazugeben.

Nährwerte pro Portion: 2 g F, 10 mg CH, 10 g KH, 5 g EW, 80 kcal/335 kJ

Andalusisches Bohnengemüse

2 Portionen:

250 g	*grüne Bohnen*
	Salz
	Wasser
4	*Tomaten*
1 TL	*Olivenöl*
4 Scheiben	*magerer roher Schinken*
1	*Schalotte oder kleine Zwiebel, gewürfelt*
1	*Knoblauchzehe*
	Pfeffer, Thymian

- Bohnen waschen und in Salzwasser 10 Minuten kochen, abschütten und abtropfen lassen. Tomaten häuten und würfeln. Öl in einem Topf erhitzen, den in Streifen geschnittenen Schinken und die Schalotten anbraten.
- Knoblauch schälen, mit etwas Salz zerdrücken und mit den Bohnen, Tomaten und Gewürzen in den Topf geben, 15 Minuten gar dünsten. Nochmals abschmecken.

Nährwerte pro Portion: 5 g F, 5 mg CH, 10 g KH, 5 g EW, 120 kcal/500 kJ

Blattspinat

2 Portionen:

700–800 g	*Spinat*
1	*Möhre*
2	*Schalotten*
1 TL	*Olivenöl*
1 EL	*geraspelte Walnüsse*
	Muskat, Salz, Pfeffer
1 EL	*Joghurt*

- Spinat verlesen, Stiele entfernen, gründlich waschen, abtropfen lassen. Die Möhre waschen und grob reiben, die Schalotten würfeln und in einem Topf in Öl dünsten.
- Möhre, Spinat und die Nüsse zu den Schalotten geben und gar dünsten.
- Mit Muskat, Salz und Pfeffer abschmecken, Joghurt zum Schluss dazugeben.

Nährwerte pro Portion: 2 g F, 0 mg CH, 10 g KH, 5 g EW, 80 kcal/335 kJ

Gefüllte Zucchini

2 Portionen:

1 1/2	*Zucchini*
1 kleine	*Zwiebel*
1 EL	*Olivenöl*
25 g	*Reis*
	frische Pfefferminze
1 EL	*Rosinen*
	Salz, Pfeffer
1 EL	*Zitronensaft*
3 EL	*Weißwein oder Brühe*
etwas	*Butter*
2 Scheiben	*Käse*
etwas	*Cayennepfeffer*
	Petersilie

- Zucchini waschen, der Länge nach durchschneiden und kurz brühen, aushöhlen. Zwiebel klein schneiden und in Öl schmoren, den Reis zufügen, ebenfalls die Pfefferminze, Rosinen, Salz und Pfeffer.
- Das Innere der Zucchini in Würfel schneiden und mitschmoren. Mit Zitronensaft und Weißwein aufgießen.
- Mit der Masse die Zucchini füllen und in eine gebutterte Auflaufform geben, den Käse darüber legen, etwas pfeffern. Petersilie darüber streuen und 1/2–3/4 Stunde im Backofen garen lassen.

Nährwerte pro Portion: 9 g F, 10 mg CH, 20 g KH, 1 g EW, 190 kcal/790 kJ

Gemüsegratin „provenzalisch“

2–4 Portionen:

wenig	*Olivenöl*
2–3 große	*fest kochende Kartoffeln*
	Salz, Thymian
1 1/2	*Zucchini*
1	*Aubergine*
1 große	*rote Paprika*
4	*Schalotten*
3	*Knoblauchzehen*
3 große	*Fleischtomaten*
	schwarze und weiße Pfefferkörner

- Gratinform einölen. Kartoffeln schälen, in Scheiben schneiden und ziegelartig auf den Boden der Form legen, salzen und mit zerriebenem Thymian bestreuen.
- Das andere Gemüse waschen und in mundgerechte Stücke schneiden: Zucchini in Scheiben, Aubergine in Würfel, Paprika in Stücke. Schalotten und Knoblauch schälen und in dünne Scheiben schneiden, Tomaten in Scheiben schneiden.
- Die Hälfte des Gemüses auf die Kartoffelscheiben legen, mit grob geschrotetem Pfeffer, Salz und Thymian würzen und einige Tropfen Olivenöl dazugeben. Das restliche Gemüse darauf legen und wieder würzen.
- Zum Schluss die Tomatenscheiben auf das Gemüse legen, etwas salzen und nochmals mit Thymian würzen. Dann die Form in den auf 220 °C vorgeheizten Ofen stellen, die Hitze etwas herunterschalten und ca. 1 Stunde garen.
- Dazu: frisches Brot

Nährwerte pro Portion: 4 g F, 0 mg CH, 25 g KH, 6 g EW, 160 kcal/670 kJ

Rotkohlgemüse

2 Portionen:

1 Kopf	*Rotkohl*
1 TL	*Öl*
etwas	*Wasser*
1 kleine	*Zwiebel*
1	*Lorbeerblatt*
2	*Nelken*
	Salz, Zucker, Essig
1 kleiner	*Apfel*

- Rotkohl putzen, waschen und klein schneiden. In einem Topf das Öl erhitzen, den Kohl dazugeben, etwas Wasser dazugießen.
- Die Zwiebel schälen, mit dem Lorbeerblatt und den Nelken spicken und mit Salz, etwas Zucker und Essig zu dem Gemüse geben. Den Apfel schälen, klein schneiden und ebenfalls zum Rotkohl geben und garen. Nochmals abschmecken.

Nährwerte pro Portion: 2 g F, 0 mg CH, 10 g KH, 2 g EW, 100 kcal/410 kJ

Chinakohltopf, süßsauer

5 Portionen:

1 kg	*Chinakohl*
3 EL	*Sesamöl oder anderes Öl*
2 EL	*brauner Zucker*
3 EL	*Sojasoße*
2 EL	*Weinessig*
375 g	*Schweinenackensteak*
	Salz, Pfeffer
1 kleine Dose	*geschälte Tomaten*
	Chinagewürz

- Den Kohl waschen und in breite Streifen schneiden. 2 EL Öl in einem Topf erhitzen und darin den Zucker schmelzen lassen.
- Wenn sich Karamell gebildet hat, den Kohl dazugeben, gut umrühren, mit 2 EL Sojasoße und 1 EL Weinessig würzen und zugedeckt bei milder Hitze 15 Minuten schmoren lassen.
- Inzwischen das Schweinefleisch in dünne Streifen schneiden, in Öl anbraten, mit Salz und Pfeffer würzen, die restliche Sojasoße, Weinessig und die Tomaten dazugeben und alles mit dem Kohl vermischen.
- Mit dem Chinagewürz scharf abschmecken.
- Dazu passt Reis.

Nährwerte pro Portion: 10 g F, 35 mg CH, 15 g KH, 15 g EW, 210 kcal/880 kJ

Chicoréegratin

2 Portionen:

3	*Chicorée*
4 dünne Scheiben	*magerer Räucherspeck*
etwas	*Butter oder Öl*
	Salz, Pfeffer
	Zitronensaft

- Die Chicorée der Länge nach halbieren und den Stielansatz herausschneiden.
- In einer Auflaufform den Räucherspeck legen und mit wenig Butter auf dem Herd erhitzen. Darauf die halbierten Chicorée mit der Schnittfläche nach oben legen und etwas anbraten. Salzen, pfeffern und reichlich Zitronensaft beträufeln.
- Die Form mit Alufolie abdecken und in den auf 250 °C heißen Ofen schieben. Nach 15 Minuten die Folie entfernen, die Hitze etwas reduzieren und die Oberfläche braun werden lassen.

Nährwerte pro Portion: 3 g F, 25 mg CH, 5 g KH, 5 g EW, 60 kcal/250 kJ

Gefüllte Champignons mit Schafskäse

4 Portionen:

12 große	*Champignons*
1 EL	*Zitronensaft*
4 EL	*herber Weißwein oder Bouillon*
200 g	*verlesener (oder tiefgekühlter) Blattspinat*
1 EL	*Öl*
2	*Schalotten, gewürfelt*
1	*Knoblauchzehe, gehackt*
100 g	*Schafskäse, 30 % Fett i. Tr.*
	Thymian, Salz

- Die Champignons gut waschen, die Stiele entfernen. Die Köpfe mit Zitronensaft beträufeln, in Weißwein oder Bouillon 6–10 Minuten garen, herausnehmen und abtropfen lassen.
- Den Blattspinat waschen und grob hacken. In einem Topf das Öl erhitzen, die Schalotten und den Knoblauch darin leicht dünsten, den Spinat dazugeben und ca. 4 Minuten garen, bis die Flüssigkeit eingekocht ist.
- Alles mit dem Schafskäse vermischen, mit Thymian und wenig Salz abschmecken, die Champignonköpfe damit füllen. Bei 180 °C ca. 20 Minuten überbacken.

Nährwerte pro Portion: 5 g F, 5 mg CH, 5 g KH, 10 g EW, 105 kcal/440 kJ

Kohlrouladen

4–6 Portionen:

1 kleiner Kopf	*Weißkohl*
	Salz
	Wasser
2	*Brötchen, halbiert, in Scheiben geschnitten*
125 ml	*heiße Milch, 1,5 % Fett*
300 g	*frische Pilze nach Jahreszeit, geputzt*
1	*Zwiebel, geschält und gehackt*
1–2	*Knoblauchzehen, geschält und fein gewürfelt*
1 TL	*Öl*
	Pfeffer
300 g	*mageres Hackfleisch*
1	*Ei*
	Majoran
etwas	*Senf*
1 Prise	*Curry*
4 Scheiben	*geräucherter magerer Schinkenspeck*
250 ml	*Brühe*
4 EL	*Sahne*
	Mehlbutter (= 20 g Mehl, 20 g Butter oder hochwertige Margarine, verknetet)
2 EL	*frisch gehackte Kräuter*

- Den Weißkohl vom Strunk befreien und in kochendes Salzwasser geben. Die abfallenden Blätter herausnehmen und in einem Sieb abtropfen lassen.
- Die Brötchenscheiben mit heißer Milch leicht überbrühen.
- Die Pilze etwas klein schneiden und zusammen mit den Zwiebelwürfeln und dem Knoblauch in einer Pfanne mit dem Öl anbraten. Salzen und pfeffern. Die Hälfte für die Soße zurückstellen. Die restlichen Pilze grob hacken.
- Nun aus Hackfleisch, den Brötchenscheiben, dem Ei und den gehackten Pilzen eine Masse herstellen, kräftig abschmecken mit Salz, Pfeffer, Majoran, etwas Senf und 1 Prise Curry. 2 EL davon auf ein Krautblatt geben, dieses seitlich einschlagen, zusammenrollen und mit einer Schinkenscheibe umwickeln.

- Einen Bräter mit etwas Öl ausstreichen und die Kohlrouladen eng aneinander hineinlegen. Mit Brühe auffüllen. In den auf 190 °C vorgeheizten Ofen schieben, ca. 20–30 Minuten garen. Die Rouladen herausnehmen und warm stellen.
- Die Garflüssigkeit in einen Topf umfüllen, Sahne zugeben und mit der Mehlbutter leicht binden, abschmecken und mit dem Mixstab aufschlagen. Nun die Pilze und die Kräuter in die Soße geben. Die Kohlrouladen auf der Soße anrichten. Dazu Kartoffelbrei reichen.

Nährwerte pro Portion: 9 g F, 80 mg CH, 32 g KH, 28 g EW, 305 kcal/1200 kJ

Paprikaschoten mit Pilzfüllung

3 Portionen:

6 mittelgroße	*Paprikaschoten*
1 Packung	*vorgefertigte Semmelkloßmasse (200 g)*
30 g	*Weizenkleie*
1/4 l	*heißes Wasser*
1 EL	*Öl*
60 g	*magerer roher Schinken, gewürfelt*
1 große	*Zwiebel, gewürfelt*
250 g	*Champignons*
	Salz, Pfeffer, Muskat
	Bouillon

- Paprikaschoten waschen, halbieren.
- Die Semmelkloßmasse mit der Weizenkleie und dem Wasser vermengen und 20–30 Minuten quellen lassen.
- Öl in einem Topf erhitzen, den Schinken und die Zwiebel darin anbraten, die gewaschenen und in Scheiben geschnittenen Champignons kurz mitdünsten.
- Mit Salz, Pfeffer, Muskat abschmecken, in die Paprikaschoten füllen, in eine Auflaufform setzen, etwas Bouillon zugießen und 20–25 Minuten garen.

Tipp

Dazu schmeckt eine Tomatensoße mit Reis oder Kartoffeln.

Nährwerte pro Portion: 5 g F, 15 mg CH, 70 g KH, 15 g EW, 385 kcal/1620 kJ

Nudel- und Vollkorngerichte

Bandnudeln mit Basilikumsoße

6 Portionen:

600 g	*Bandnudeln*
	Wasser
	Salz
1 TL	*Öl*
3 große Bund	*Basilikum*
25 g	*Pinienkerne*
3	*Knoblauchzehen*
6 EL	*Olivenöl*
50 g	*frisch geriebener Parmesankäse, 30 % Fett i. Tr.*
	Pfeffer

- Die Nudeln in reichlich kochendem Wasser mit etwas Salz und Öl garen, auf ein Sieb schütten und gut abtropfen lassen. Basilikum abspülen, abtrocknen, die groben Stiele abschneiden. Mit den Pinienkernen und Knoblauch im Mörser zerstoßen, Olivenöl und den Parmesankäse dazugeben.
- Nudeln mit der Basilikumsoße vermengen, mit frisch gemahlenem Pfeffer abschmecken und servieren.
- Dazu: gemischter Salatteller.

Tipp

Die Basilikumsoße schmeckt auch zu anderen Nudelsorten.

Nährwerte pro Portion: 15 g F, 5 mg CH, 75 g KH, 15 g EW, 500 kcal/2100 kJ

Linsen-Lasagne

4 Portionen:

200 g	*braune Berglinsen*
	Wasser
2 mittlere Stangen	*Lauch*
1–2 *1 große Dose*	*Fleischtomaten oder* *Tomaten*
2	*Möhren*
1 EL	*Butter (oder hochwertige Margarine)*
1	*Lorbeerblatt*
½ l	*Gemüsebrühe*
2 EL	*Rotweinessig oder Obstessig*
	Salz, Pfeffer aus der Mühle
250 g	*Lasagne*
100 g	*geriebener Gouda, 30 % Fett i. Tr.*

Für die Bechamelsoße:

4 EL	*Butter oder Öl*
4 EL	*Mehl*
¾ l	*entrahmte Milch*

- Die Linsen ca. 2 Stunden in kaltem Wasser einweichen. Den Lauch putzen, waschen, längs halbieren und in feine Streifen schneiden. Die Tomaten grob würfeln. Die Möhren schälen und klein schneiden. Das Fett erhitzen und das Gemüse darin andünsten. Die Linsen abgießen, zusammen mit dem Lorbeerblatt dazugeben und ebenfalls andünsten.
- Die Gemüsebrühe zugeben und alles bei kleiner Hitze 15–20 Minuten köcheln lassen. Mit Essig, Salz und Pfeffer abschmecken.
- Für die Soße eine Mehlschwitze bereiten und mit der heißen Milch auffüllen, aufkochen lassen und salzen. Inzwischen den Backofen auf 180 °C vorheizen.
- Etwas Soße in eine Auflaufform geben, abwechselnd die Nudelplatten, das Linsengemüse, die Soße schichten. Zum Schluss den geriebenen Käse auf die oberste Schicht verteilen. Die Linsen-Lasagne auf mittlerer Schiene im vorgeheizten Ofen in 30–40 Minuten goldbraun backen.

Nährwerte pro Portion: 17 g F, 30 mg CH, 85 g KH, 30 g EW, 625 kcal/2640 kJ

Tagliatelle mit Krabben

3 Portionen:

250 g	*Tagliatelle*
	Salz
	Wasser
etwas	*Öl*
1	*Schalotte, gewürfelt*
3 TL	*Olivenöl (oder anderes hochwertiges Öl)*
200 g	*Krabbenfleisch*
1 Bund	*Estragon*
1 Becher	*Joghurt, 1,5 % Fett*
1 EL	*saure Sahne*
evtl. 3 EL	*frisch geriebener Parmesan*

- Nudeln in reichlich kochendem Salzwasser und etwas Öl garen, abschütten und warm stellen.
- Die Schalotte in Öl glasig dünsten. Das Krabbenfleisch und die Estragonblätter dazugeben und 2 Minuten garen.
- Die Nudeln, den Joghurt und die saure Sahne dazugeben, alles gut vermischen, nochmals abschmecken.
- Eventuell Parmesan über das Gericht streuen und heiß servieren.

Nährwerte pro Portion: 10 g F, 90 mg CH, 65 g KH, 25 g EW, 360 kcal/1510 kJ

Pizzateig

Für 1 Blech:

400 g	*dunkles Weizenmehl*
30 g	*Hefe*
1 TL	*Zucker*
1 TL	*Salz*
3 EL	*Öl*
ca. 200 ml	*Wasser*

- Das Mehl mit den Zutaten in einer Schüssel zu einem festen Hefeteig verarbeiten, bis sich der Teig als Kloß von der Schüssel löst. Den Teig gut aufgehen lassen, noch einmal durchkneten und auf einem großen gefetteten Backblech dünn ausrollen.

Möglichkeiten für den Belag:

vegetarisch

Aubergine und Zucchini, in Scheiben geschnitten
Artischockenherzen aus dem Glas
Tomaten aus der Dose
Oregano
frisch geriebener Käse
Salz, Pfeffer

mit Fisch

Thunfisch
Zwiebelringe
fein geschnittener Knoblauch
passierte Tomaten
frisch geriebener Käse
Salz, Pfeffer

mit Spinat

Blattspinat
Salz, Pfeffer
Zwiebelringe
fein gewürfelter Knoblauch
Olivenöl
passierte Tomaten
frisch geriebener Käse

mit Schinken

magerer gekochter Schinken
frische Champignons, in Scheiben geschnitten
Paprikastreifen
passierte Tomaten
Pfeffer, Oregano
frisch geriebener Käse

Nährwerte (Hefeteig): 30 g F, 0 mg CH, 270 g KH, 55 g EW, 1570 kcal/6595 kJ

Vollkornpfannkuchen

4 Stück:

80 g	*feine Haferflocken*
80 g	*Weizenvollkornmehl*
80 g	*Weizenmehl*
1 TL	*Trockenhefe*
30 g	*Sojamehl*
1	*Eiklar*
1	*Ei*
1 TL	*Salz*
300 ml	*entrahmte Milch*
ca. 100 ml	*Mineralwasser*
4 TL	*Sonnenblumenöl*

- Die Zutaten miteinander vermischen und mit der Milch und dem Mineralwasser zu einem glatten Teig verrühren, ca. $^1/_2$ Stunde quellen lassen.
- In einer beschichteten Pfanne in Öl ausbacken.
- Mit Kompott oder Salat servieren.

Nährwerte pro Stück: 10 g F, 45 mg CH, 45 g KH, 15 g EW, 340 kcal/1430 kJ

Grünkernbratlinge

2 Portionen:

$^1/_4$ l	*Gemüsebrühe*
100 g	*Grünkernschrot*
60 g	*mageres Hackfleisch*
1 kleine	*Zwiebel, gewürfelt*
1 kleines Stück	*Sellerie, fein gerieben*
1 TL	*Schnittlauchröllchen*
1 TL	*Petersilie, fein geschnitten*
1 Msp.	*Majoran*
	Salz, Pfeffer
1 kleines	*Ei*
1 EL	*Rapsöl*

- Aus der Gemüsebrühe und dem Grünkernschrot einen dicken Brei kochen und abkühlen lassen.
- Hackfleisch, Zwiebel, Sellerie, Schnittlauch, Petersilie, Majoran, Salz, Pfeffer und das Ei miteinander vermengen, abschmecken und zu Bratlingen formen. In einer beschichteten Pfanne das Öl erhitzen und goldbraun braten.
- Dazu passt grüner Salat aller Art.

Nährwerte pro Portion: 10 g F, 100 mg CH, 35 g, KH, 15 g EW, 290 kcal/1215 kJ

Fleisch- und Fischgerichte

Brathähnchen mit Zitrone

2–4 Portionen:

1	*Hähnchen*
	Zitronenscheiben
40 g	*Butter*
	Pfeffer, Salz
10 Stangen	*Lauch (nur das Weiße)*
2 TL	*frisch geriebener Ingwer*
	Zitronensaft

- Das Hähnchen waschen und abtrocknen. 3 Zitronenscheiben in den Bauch schieben, die Keulen zusammenbinden. In einem Bräter ca. 15 Minuten mit Butter anbraten, pfeffern und salzen. Weitere Zitronenscheiben um und auf das Hähnchen legen und bei 120 °C ohne Deckel in den Ofen schieben.
- Den Lauch waschen, die dunkelgrünen Blätter abschneiden und kurz in Salzwasser blanchieren, abtropfen lassen.
- Eine flache Auflaufform einfetten, die Lauchstangen nebeneinander hineinlegen, den Ingwer über den Lauch streuen. Etwas Zitronensaft darüber träufeln, leicht salzen, mit wenig heißer Butter begießen. Mit Folie abdecken und ebenfalls in den Ofen stellen. Anschließend das Hähnchen aus dem Bräter nehmen und den Bratensaft entfetten. In den Rest des Bratensaftes den Saft des gedünsteten Lauchs gießen, nochmals mit Salz und Zitronensaft abschmecken.
- Das Hähnchen tranchieren, Lauchstangen und Soße dazu servieren.

Tipp

Zum Brathähnchen mit Zitrone passen junge Pellkartoffeln.

Nährwerte pro Portion: 15 g F, 90 mg CH, 10 g KH, 25 g EW, 275 kcal/1150 kJ

Schweinegulasch mit Auberginen

2 Portionen:

150 g	*mageres Schweinefleisch*
1 TL	*Sojaöl*
1	*Zwiebel, gewürfelt*
1	*Knoblauchzehe*
	Salz, Pfeffer, Koriander
	Chilipulver
1/8 l	*Brühe*
2	*Auberginen*
1 TL	*Mehl*
	Wasser
2 EL	*Joghurt, 1,5 % Fett*
1 EL	*saure Sahne, 10 % Fett*
	gehackte Petersilie

- Das Fleisch in Würfel schneiden und in Öl anbraten, die Zwiebel und den Knoblauch dazugeben. Mit Salz, Pfeffer, Koriander und Chilipulver würzen. Die Brühe zugießen und 15 Minuten schmoren lassen.
- Die Auberginen waschen, in Scheiben schneiden, salzen und einige Minuten stehen lassen. Dann zum Fleisch geben und nochmals 15 Minuten weiterschmoren lassen. Mehl mit etwas Wasser verrühren und die Soße binden, nochmals aufkochen lassen. Mit Joghurt und saurer Sahne abschmecken, die Petersilie unterrühren.
- Das Schweinegulasch mit Auberginen passt zu Reis oder Nudeln.

Nährwerte pro Portion: 4 g F, 45 mg CH, 15 g KH, 15 g EW, 140 kcal/590 kJ

Mariniertes Kaninchen

6 Portionen:

1 kleines	*Kaninchen, in Stücke zerlegt*
300 ml	*Rotwein*
200 ml	*Bouillon*
1 Stange	*Lauch, halbiert*
1 kleine	*Zwiebel, in Scheiben geschnitten*
1	*Möhre, in Stücke geschnitten*
1/2 Stange	*Staudensellerie*
1	*zerdrückte Knoblauchzehe*
2 Zweige	*frischer Thymian*
1 TL	*Wacholderbeeren*
1/2 TL	*schwarze Pfefferkörner*
2 EL	*magerer Räucherspeck, gewürfelt*
2 EL	*Olivenöl*
1	*Tomate*
	Salz, Pfeffer

- Die Kaninchenteile in Rotwein und Bouillon und mit der Lauchstange, Zwiebel, Möhre, Staudensellerie, Knoblauch, Thymian, Wacholderbeeren und Pfefferkörnern einen Tag einlegen.
- In einem Schmortopf den Räucherspeck in Olivenöl dünsten, die Fleischstücke dazulegen und von allen Seiten anbraten.
- Die Tomate würfeln und mit dem Gemüse aus der Marinade ebenfalls anbraten. Salzen, pfeffern und von der Marinade so viel über das Fleisch gießen, dass dieses halb bedeckt ist.
- Den Deckel auf den Topf legen und ca. 45–60 Minuten bei mäßiger Hitze im Backofen schmoren lassen.
- Wenn das Fleisch gar ist, die Stücke herausnehmen. Den Schmorsaft und die restliche Marinade durch ein Sieb geben, noch weiter einkochen lassen. Nochmals abschmecken und die Soße zum Fleisch servieren.
- Dazu Nudeln servieren.

Nährwerte pro Portion: 10 g F, 70 mg CH, 5 g KH, 20 g EW, 225 kcal/940 kJ

Königsberger Klopse

4 Portionen:

2	*Brötchen ohne Rinde*
etwas	*Milch*
400 g	*mageres Hackfleisch vom Kalb*
1	*Ei*
20	*Sardellenfilets*
	Salz, Pfeffer
1 TL	*abgeriebene Zitronenschale*
	Muskat
1 1/2 l	*kräftige Kalbsbrühe*
2 EL	*Butter (oder hochwertige Margarine)*
2 EL	*Mehl*
100 g	*kleine Kapern*
	Zitronensaft
4 EL	*Sahne*

- Das Brötchen in etwas Milch einweichen und ausdrücken. Das Hackfleisch und das Ei daruntermischen. Die Sardellenfilets in kleine Stücke schneiden und dazugeben.
- Die Hackfleischmischung leicht salzen, pfeffern und mit Zitronenschale und Muskat würzen.
- Die Brühe zum Kochen bringen. Aus dem Hackfleisch Klößchen formen, in die leicht kochende Brühe legen und 8–10 Minuten ziehen lassen. Herausnehmen und warm stellen.
- Aus Butter und Mehl eine Mehlschwitze herstellen, mit der Brühe auffüllen. Die abgetropften Kapern, Zitronensaft, Salz und Sahne dazugeben und alles nochmals abschmecken.

Nährwerte pro Portion: 10 g F, 100 mg CH, 20 g KH, 25 g EW, 275 kcal/1150 kJ

Rinderroulade

2 Portionen:

2 dünne Scheiben	*Rindfleisch*
	Senf
	Salz, Pfeffer
2 EL	*Zwiebelwürfel*
2	*Gewürzgurken, in Scheiben geschnitten*
2 kleine	*Tomaten*
1 TL	*Öl*
etwas	*Wasser*
1 TL	*Mehl*

- Das Fleisch mit Senf bestreichen, salzen, pfeffern, mit den Zwiebelwürfeln, Gurkenscheiben und Tomatenstückchen belegen, aufrollen und mit einer Rouladennadel feststecken.
- Das Öl erhitzen, das Fleisch darin anbraten, etwas Wasser zugießen und gar schmoren.
- Den Bratenfond mit etwas Mehl binden.

Nährwerte pro Portion: 5 g F, 70 mg CH, 10 g KH, 20 g EW, 210 kcal/880 kJ

Geschmorte Kalbshaxe (Osso buco)

4 Portionen:

4	*Tomaten*
2	*Möhren*
1 Stange	*Lauch*
20	*Schalotten*
6	*Knoblauchzehen*
2 EL	*Olivenöl*
	Salz
4 Scheiben	*von der Kalbshaxe*
20	*schwarze Oliven*
6	*Sardellenfilets*
2	*getrocknete Chilischoten*
	Weißwein oder Bouillon
5 Zweige	*Thymian*
2 Zweige	*Rosmarin*

- Die Tomaten häuten und vierteln, die Möhren und den Lauch in Scheiben schneiden, Schalotten und Knoblauch schälen.
- Den Backofen auf 100–120 °C vorheizen. In einem Bräter das Öl erhitzen und die gesalzenen Fleischscheiben von allen Seiten goldbraun anbraten. Das Fleisch aus dem Bräter nehmen und das Gemüse leicht anbraten, Oliven, Sardellen und die Chilischoten ebenfalls dazugeben, etwas Weißwein oder Bouillon dazugießen. Abschmecken, eventuell nachsalzen.
- Die Fleischscheiben wieder in den Topf legen und mit Wein oder Bouillon aufgießen, bis das Fleisch zur Hälfte im Saft liegt. Das Ganze zugedeckt in den Backofen schieben, ca. 2–3 Stunden garen. Das Fleisch mit dem Gemüse anrichten.
- Dazu passt ein Risotto mit Pilzen oder Weißbrot.

Nährwerte pro Portion: 7 g F, 90 mg CH, 10 g KH, 25 g EW, 210 kcal/880 kJ

Lammcurry mit Zitronenreis

2 Portionen:

250 g	*Lammfleisch*
	Salz
2 TL	*Öl*
1 kleiner	*saurer Apfel*
200 ml	*Bouillon*
1 EL	*Sahne*
2 TL	*Curry*
1 Tasse	*Basmati-Reis*
1	*Zitrone*
	Wasser
$^1/_2$ Becher	*Joghurt, 1,5 % Fett*

- Fleisch in mundgerechte Stücke schneiden, salzen und ca. 4 Minuten in heißem Öl anbraten.
- Den Apfel in Stücke schneiden und mit Bouillon, Sahne und Curry in einem Topf erhitzen. Bei mittlerer Hitze kochen, bis der Apfel zerkocht ist. Jetzt die Fleischwürfel in die Soße geben.
- Den Reis gründlich waschen, abtropfen lassen, mit dem Zitronensaft vermischen und mit Wasser aufsetzen. Wenn es verkocht ist, den Reis bei geschlossenem Deckel gar ziehen lassen.
- Reis mit dem Lammcurry vermischen und noch $^1/_2$ Becher Joghurt unterrühren.

Nährwerte pro Portion: 12 g F, 90 mg CH, 70 g KH, 30 g EW, 520 kcal/2180 kJ

Fischragout

2 Portionen:

1 kleine	*Zwiebel, gewürfelt*
1 TL	*Öl*
1 EL	*Mehl*
ca. 200 ml	*Brühe oder Wasser*
1 kleine	*rote Paprika*
2	*Lauchzwiebeln*
100 g	*frische Champignons*
	Salz
150 g	*Fischfilet*
	Zitronensaft

- Die Zwiebel in Öl leicht anbraten, Mehl darüber streuen und bräunen lassen. Mit der Brühe ablöschen.
- Paprika in Würfel, Lauchzwiebeln in Ringe und die Champignons in Scheiben schneiden und in die Soße geben. Mit Salz abschmecken.
- Den Fisch in große Würfel schneiden und in der Soße 15–20 Minuten garen. Mit etwas Zitronensaft abschmecken.

Nährwerte pro Portion: 3 g F, 25 mg CH, 5 g KH, 15 g EW, 115 kcal/470 kJ

Fischauflauf mit Äpfeln

2 Portionen:

1 EL	*Butter*
1 Tasse	*Langkornreis*
	klare, entfettete Hühnerbrühe
200 g	*säuerliche, feste Äpfel*
2 TL	*Curry*
300 g	*Rotbarschfilet*
	Zitronensaft
	Salz
1 EL	*eingeweichte Rosinen*

- Etwas Butter in einem Topf heiß werden lassen. Den gewaschenen Reis dazuschütten und rühren, bis er glasig ist. Dann mit der Brühe aufgießen, bis der Reis bedeckt ist. Kochen lassen, bis die Flüssigkeit verschwunden ist, und noch 15 Minuten garen lassen.
- In der Zwischenzeit die Äpfel schälen, entkernen und in kleine Stücke schneiden. Mit etwas Butter in der Pfanne anbraten, bis sie halbwegs gar sind, und mit Curry bestreuen.
- Die Fischfilets in kleine, mundgerechte Stücke schneiden, mit etwas Zitronensaft beträufeln und zu den Äpfeln in die Pfanne geben. Etwas salzen und die eingeweichten Rosinen dazugeben. Alles nur kurz dünsten. Die Äpfel, den Fisch und den Reis in eine Auflaufform geben und gut vermischen. Die Form mit einer Alufolie abdecken, in den auf 120 °C vorgewärmten Ofen schieben und 20–30 Minuten garen.

Nährwerte pro Portion: 9 g F, 65 mg CH, 75 g KH, 30 g EW, 440 kcal/1850 kJ

Folienfisch in scharfer Soße

2 Portionen:

2 kleine	*Rotbarschfilets*
	Salz, Pfeffer
	Koriander, zerstoßen
	Knoblauch, gehackt
1/2 TL	*Öl*
25 g	*Walnüsse, gemahlen*
4 EL	*Zitronensaft*
	Cayennepfeffer

- Fisch säubern, salzen, pfeffern, mit Koriander und Knoblauch bestreichen.
- Alufolie mit etwas Öl ausstreichen, den Fisch hineinlegen, die Folie fest verschließen und im vorgeheizten Ofen ca. 40 Minuten garen.
- Inzwischen die Soße aus Nüssen, Zitronensaft und Cayennepfeffer bereiten und zum Fisch servieren.

Nährwerte pro Portion: 15 g F, 45 mg CH, 5 g KH, 25 g EW, 255 kcal/1070 kJ

Heringstopf

4 Portionen:

8 kleine	*milde Matjesfilets*
2	*Zwiebeln*
4	*Gewürzgurken*
2	*Äpfel*
1	*Magerjoghurt*
5 EL	*saure Sahne, 10 % Fett*
	Salz, Pfeffer

- Matjesfilets wässern und abtropfen lassen.
- Zwiebeln in Ringe, Gurken in Scheiben schneiden. Die Äpfel schälen, entkernen und in kleine Stücke schneiden.
- Joghurt und saure Sahne vermischen, die anderen Zutaten dazugeben. Mit Salz und Pfeffer abschmecken und die Soße über den Fisch geben.

Nährwerte pro Portion: 5 g F, 15 mg CH, 10 g KH, 5 g EW, 125 kcal/520 kJ

Fisch mit Buchweizenfüllung

4 Portionen:

200 g	*Buchweizen*
200 ml	*Brühe*
1	*Zwiebel*
1 TL	*Öl*
1 EL	*gehackte Petersilie*
2	*Eiklar, hart gekocht*
	Pfeffer, Salz
1	*ganzer ausgenommener Fisch (ohne Kopf)*
1–2 EL	*Mehl*
2 EL	*Butter (oder hochwertige Margarine)*
1/8 l	*Joghurt, 1,5 % Fett*
1/8 l	*saure Sahne, 10 % Fett*

- Buchweizen in einer Kasserolle anrösten, mit der Brühe angießen und ca. 25 Minuten mit geschlossenem Deckel bei kleiner Hitze gar ziehen lassen. Die Zwiebel in Öl glasig dünsten, die Petersilie und das fein gehackte Eiklar mit der Grütze vermengen. Mit Pfeffer und Salz abschmecken.
- Den Fisch säubern, mit der Buchweizenmischung füllen und die Einfüllöffnung verschließen. Den Fisch in Mehl wenden und in einer Teflonpfanne in Fett anbraten. Anschließend ca. 10 Minuten in den vorgeheizten Backofen (200 °C) stellen.
- Joghurt und saure Sahne verquirlen, den Fisch damit bestreichen und weitere 20–25 Minuten garen.

Nährwerte pro Portion: 10 g F, 65 mg CH, 25 g KH, 25 g EW, 290 kcal/1220 kJ

Süßspeisen

Kiwisorbet

2 Portionen:

3	*reife geschälte Kiwis*
5 TL	*Zucker*
1/8 l	*Weißwein mit Traubensaft gemischt*
2 EL	*Weinbrand*
1	*Eiklar, zu Schnee geschlagen*
	Kiwischeiben

- Kiwis durch ein Sieb passieren (wenn man sie püriert, werden sie bitter).
- Das Püree mit Zucker und der Mischung aus Weißwein und Traubensaft verrühren, bis der Zucker geschmolzen ist.
- Die Masse 2–3 Stunden im Kühlschrank erstarren lassen.
- Dann Weinbrand hineinrühren. Den Eischnee 1 Stunde vor dem Anrichten unterheben und das Sorbet in Schälchen geben. Mit je einer Kiwischeibe garnieren.

Nährwerte pro Portion: 0 g F, 0 mg CH, 30 g KH, 5 g EW, 140 kcal/560 kJ

Bratäpfel

3 Portionen:

6	*säuerliche, feste Äpfel*
12	*Zuckerwürfel*
25 g	*Mandelblättchen*
25 g	*Rosinen*
6 TL	*Himbeermarmelade*
1 EL	*Rum*
3 TL	*Butter*

- Äpfel waschen, abtrocknen und mit dem Apfelausstecher vom Kerngehäuse befreien.
- Je ein Stück Zucker am Apfelende hineinstecken. Mandelblättchen, Rosinen und Himbeermarmelade mit Rum vermischen. Die Äpfel damit füllen, die restlichen Zuckerstücke obenauf legen.
- Die Äpfel in eine eingefettete Auflaufform setzen. Auf jeden Apfel ein kleines Butterflöckchen geben und im 180 °C vorgeheizten Ofen 45 Minuten garen lassen.

Tipp

Zu Bratäpfeln schmeckt eine Vanillesoße besonders gut.

Nährwerte pro Portion: 10 g F, 10 mg CH, 50 g KH, 3 g EW, 355 kcal/1485 kJ

Erdbeereis

2 Portionen:

250 g	*Erdbeeren*
	Süßstoff
	Zitronensaft
1	*Eiklar, zu Schnee geschlagen*

- Erdbeeren waschen, abtropfen lassen, pürieren und mit Süßstoff und Zitronensaft abschmecken.
- Eischnee unter die Erdbeeren heben. Im Gefrierfach 1–1 1/2 Stunden halbfest gefrieren lassen.
- In Schälchen anrichten und mit je einer Erdbeere garnieren.

Nährwerte pro Portion: 0 g F, 0 mg CH, 10 g KH, 5 g EW, 60 kcal/250 kJ

Walnussquark mit Backpflaumen

2–4 Portionen:

50 g	*Trockenpflaumen*
etwas	*Cognac (oder Wasser)*
200 g	*Schichtkäse*
etwas	*fettarme Milch*
5 EL	*Zucker (oder flüssiger Süßstoff)*
80 g	*gemahlene Walnüsse*
1	*Eiklar, zu Schnee geschlagen*

- Die Trockenpflaumen in kleine Stücke schneiden und in etwas Cognac oder Wasser über Nacht einweichen.
- Den Schichtkäse mit Milch, Zucker (oder Süßstoff) verrühren, die Walnüsse, die Pflaumenstücke und den steif geschlagenen Eischnee unterheben.
- Den Quark in Schälchen füllen. Mit einer halben Walnuss garnieren.

Nährwerte pro Portion: 15 g F, 10 mg CH, 25 g KH, 10 g EW, 200 kcal/840 kJ

Buttermilchspeise

2 Portionen:

$^1/_2$ l	*Buttermilch*
1	*Zitrone*
3 TL	*Maisstärke*
	Süßstoff
	Zitronensaft

- Buttermilch, abgeriebene Zitronenschale und Stärkemehl in einem Topf unter ständigem Rühren zum Kochen bringen.
- Mit Süßstoff und Zitronensaft abschmecken. In Glasschälchen anrichten.

Nährwerte pro Portion: 0 g F, 0 mg CH, 15 g KH, 5 g EW, 80 kcal/335 kJ

Quittenspeise

4 Portionen:

4	*vollreife Quitten*
1	*Zitrone*
2–3 EL	*Honig*
3 EL	*Cognac*
$^1/_4$ l	*Joghurt, 1,5 % Fett*
40 g	*geröstete Mandeln*

- Die Früchte waschen, entkernen und im Mixer pürieren. Mit Zitronensaft, Honig und Cognac abschmecken. Joghurt unterrühren.
- In Schälchen anrichten und mit gerösteten Mandeln verzieren.

Nährwerte pro Portion: 5 g F, 5 mg CH, 20 g KH, 5 g EW, 180 kcal/755 kJ

Hirseflöckli-Auflauf mit Äpfeln

4 Portionen:

180 g	*Hirse*
3/4 l	*Magermilch*
1 Prise	*Salz*
1 TL	*Vanillezucker*
4	*Äpfel*
2 EL	*Zucker*
2 EL	*Rosinen*
2 EL	*Mandelblättchen*
4	*Eiklar, zu Schnee geschlagen*
1 EL	*Butterflocken*

- Hirse in die kochende Milch schütten, ganz kurz aufkochen. Eine Prise Salz und Vanillezucker dazugeben.
- Äpfel schälen, Kerngehäuse ausstechen, in dünne Scheiben schneiden, mit Zucker, Rosinen und Mandelblättchen mischen.
- Unter die Hirse den Eischnee ziehen und mit der Apfelmasse schichtweise in eine Auflaufform geben. Zum Schluss einige Butterflöckchen auf den Hirsebrei geben.
- Alles in den Backofen schieben und 1/2 Stunde bei Mittelhitze backen.

Nährwerte pro Portion: 5 g F, 5 mg CH, 80 g KH, 15 g EW, 430 kcal/1800 kJ

Grießauflauf

10–12 Portionen:

1 l	*Magermilch*
100 g	*Butter (oder hochwertige Margarine)*
1 Prise	*Salz*
150 g	*Grieß*
100 g	*Zucker*
2	*Eigelb*
	Zitronensaft
100 g	*Rosinen*
4	*Eiklar, zu Schnee geschlagen*

- Milch, ein Stich Butter (oder Margarine) mit einer Prise Salz zum Kochen bringen, Grieß einrühren und aufkochen. Den Brei abkühlen lassen.
- Butter (Margarine), Zucker, Eigelb und Zitronensaft schaumig rühren.
- Den abgekühlten Grießkloß und die Rosinen langsam dazugeben und zum Schluss den Eischnee unterheben.
- Die Masse in eine gefettete Auflaufform füllen und bei 200 °C ca. $^1/_2$ Stunde im Backofen garen.

Tipp

Der Grießauflauf passt auch zu einem Eintopf aus Hülsenfrüchten.

Nährwerte pro Portion: 10 g F, 50 mg CH, 30 g KH, 5 g EW, 230 kcal/960 kJ

Rote Grütze

4 Portionen:

250 g	*Erdbeeren*
250 g	*schwarze Johannisbeeren*
250 g	*Schattenmorellen*
125 g	*Himbeeren*
125 g	*Stachelbeeren*
3 EL	*Zucker*
$^1/_2$	*Vanillestange*
2 EL	*Stärkemehl*

- Die Früchte in einen Topf geben und den Boden mit ca. $^1/_2$ cm Wasser bedecken.
- Den Zucker und die Vanillestange dazugeben und aufkochen lassen.
- Wenn die Stachelbeeren weich sind, mit Stärkemehl andicken.

Tipp

Dazu kann Milch oder eine Vanillesoße gereicht werden.

Nährwerte pro Portion: 0 g F, 0 mg CH, 35 g KH, 1 g EW, 135 kcal/560 kJ

Kuchen und Gebäck

Hefeteig (Grundrezept)

500 g	*Mehl*
50 g	*Zucker*
30 g	*Hefe*
1/8 l	*fettarme Milch*
50 g	*Öl*
1 Prise	*Salz*

- Mehl in eine Schüssel sieben, Zucker auf den Rand streuen, in die Mitte eine Vertiefung drücken. Hefe zerbröseln, mit etwas Zucker verrühren und in die Mitte geben, mit der Milch übergießen und etwas Mehl bestäuben.
- Diesen Vorteig zugedeckt warm stellen und ca. 20–30 Minuten gehen lassen. Dann den Vorteig mit dem restlichen Mehl, dem Öl und dem Salz kräftig durcharbeiten und so lange schlagen, bis der Teig Blasen wirft und sich von der Schüssel löst.
- Je nach Verwendungsart noch einmal gehen lassen oder sofort verarbeiten.

Nährwerte (Gesamtmenge):
60 g F, 10 mg CH, 430 g KH, 60 g EW, 2500 kcal/10 500 kJ

Hefeschnecken

	Grundrezept Hefeteig (S. 166)
125 g	*gewaschene Rosinen*
50 g	*geriebene Nüsse oder Mandeln*
½ TL	*Zimt*
30 g	*Zucker*

- Hefeteig ca. ½ cm dünn ausrollen. Rosinen, Nüsse, Zimt und Zucker mischen und auf dem Teig verteilen.
- Eine Rolle formen und in 1 cm dicke Scheiben schneiden.
- Schnecken auf ein gefettetes Backblech legen. 15–20 Minuten gehen lassen. Bei 210–220 °C ca. 20 Minuten goldbraun backen.

Nährwerte (Gesamtmenge):
85 g F, 10 mg CH, 495 g KH, 55 g EW, 3100 kcal/12 990 kJ

Quark-Öl-Teig (Grundrezept)

150 g	*Magerquark*
6 EL	*Magermilch*
3 EL	*Zucker*
5 EL	*Öl*
300 g	*Mehl*
1 Päckchen	*Backpulver*

- Quark, Milch, Zucker und Öl verrühren. Das Mehl sieben und mit dem Backpulver nach und nach unter die Quarkmasse heben.
- Kräftig durchkneten.

Nährwerte (Gesamtmenge):
50 g F, 0 mg CH, 255 g KH, 55 g EW, 1690 kcal/7100 kJ

Pflaumenkuchen

	Grundrezept Quark-Öl-Teig (s. o.)
2–3 EL	*Semmelbrösel*
1 1/2 kg	*Pflaumen*

- Quark-Öl-Teig auf ein gefettetes Backblech geben und ausrollen. Mit Semmenlbröseln bestreuen und mit den entsteinten Pflaumen gleichmäßig belegen. Bei 200 °C ca. 30 Minuten backen.

Nährwerte (Gesamtmenge):
50 g F, 0 mg CH, 420 g KH, 65 g EW, 2390 kcal/10 040 kJ

Kleingebäck aus Quarkblätterteig

6 Stück:

100 g	*trockener Magerquark*
100 g	*Butter (oder hochwertige Margarine)*
1 Prise	*Salz*
1/2 TL	*flüssiger Süßstoff*
100–125 g	*Mehl*
100 g	*Marmelade*

- Quark, Fett, Salz, Süßstoff vermischen, Mehl unterrühren und gut durchkneten.
- Den Teig 2- bis 3-mal rechteckig ausrollen und wieder zu einem kleineren Rechteck zusammenschlagen, luftdicht verpacken und kühl stellen.
- Am nächsten Tag den Teig zu einem Rechteck ausrollen, in 6 Quadrate teilen und darauf Marmeladenhäufchen verteilen. Von den 4 Ecken her einschlagen.
- Aus dem Teigrest kleine Scheiben ausstechen und in der Mitte auflegen. Die Teilchen bei Mittelhitze 20–25 Minuten backen.

Nährwerte pro Stück: 15 g F, 40 mg CH, 25 g KH, 5 g EW, 250 kcal/1050 kJ

Mandelboden

100 g	*Butter (oder hochwertige Margarine)*
100 g	*Zucker*
100 g	*Mehl*
100 g	*gemahlene Mandeln*

- Alle Zutaten miteinander verkneten und den Teig auf eine gefettete Backform verteilen. Im vorgeheizten Ofen bei 160 °C ca. 20 Minuten backen. Mit Obst belegen.

Tipp

Dieses Rezept eignet sich hervorragend für kleine Törtchen.

Nährwerte (Gesamtmenge):
135 g F, 240 mg CH, 180 g KH, 30 g EW, 2055 kcal/8630 kJ

Apfeltorte

150 g	*Mehl*
70 g	*Butter (oder hochwertige Margarine)*
1	*Eigelb*
1 geh. EL	*Puderzucker*
3 große	*Äpfel*
	Zitronensaft
	Apfelgelee oder Aprikosenmarmelade
evtl. etwas	*Calvados*

- Mehl auf ein Backblech häufeln, mit der gewürfelten Butter (Margarine), dem Eigelb und dem Zucker zu einem Teig verkneten, zu einer Kugel formen und 1–2 Stunden ruhen lassen.
- Den vorbereiteten Teig 3 mm dick ausrollen und auf eine mit Pergamentpapier ausgelegten Tortenform geben. Auf der untersten Schiene des Backofens wird der Teig 10–15 Minuten bei 180 °C vorgebacken.
- Inzwischen die Äpfel schälen, vierteln, in 3 mm dünne Scheiben schneiden und wie Dachziegel im Kreis auf den Tortenboden legen. Mit Zitronensaft beträufeln. Das Backblech wieder in den Ofen schieben, ca. 30 Minuten backen. Kurz abkühlen lassen.
- Den Kuchen mit Apfelgelee oder Aprikosenmarmelade dünn bestreichen. Eventuell mit etwas Calvados beträufeln.

Nährwerte pro Stück: 4 g F, 15 mg CH, 15 g KH, 2 g EW, 105 kcal/440 kJ

Vanillehörnchen

Für 50 Plätzchen:

125 g	*Mandeln*
250 g	*Mehl*
100 g	*Zucker*
200 g	*Butter (oder hochwertige Margarine)*

Zum Bestreuen:

1 Päckchen	*Vanillezucker*
3 EL	*Puderzucker*

- Die Mandeln mahlen oder im Mixer zerkleinern. Aus den Zutaten einen Mürbeteig herstellen.
- Den Backofen auf 200 °C vorheizen. Ein Backblech mit etwas Fett bestreichen.
- Aus dem Teig eine Rolle formen, 1 cm dicke Scheiben schneiden und halbieren und daraus 6 cm lange Hörnchen drehen, aufs Backblech legen und in 7 Minuten goldgelb backen.
- Den Vanillezucker mit dem Puderzucker mischen und die noch warmen Plätzchen darin wenden.

Nährwerte pro Plätzchen: 5 g F, 10 mg CH, 6 g KH, 1 g EW, 75 kcal/315 kJ

Walnusskekse

100 g	*Walnüsse*
100 g	*Butter (oder hochwertige Margarine)*
1 geh. EL	*Heidehonig*
100 g	*Mehl*
50 g	*Puderzucker*

- Walnüsse grob hacken und leicht anrösten. Mit den anderen Zutaten zu einem Teig verrühren und walnussgroße Stücke formen.
- Mit etwas Abstand auf einem gefetteten Backblech 15 Minuten bei mittlerer Hitze backen, bis sie fest, aber nicht zu dunkel sind.
- Abkühlen lassen und mit Puderzucker bestreuen.

Nährwerte (Gesamtmenge):
145 g F, 240 mg CH, 155 g KH, 25 g EW, 2065 kcal/8635 kJ

Gewürzkuchen Linzer Art

12–16 Stück:

300 g	*Mehl*
1 TL	*Backpulver*
125 g	*gemahlene Nüsse*
125 g	*Zucker*
1	*Ei*
1 EL	*Zimt*
1 Msp.	*gemahlene Nelken*
3 EL	*fettarme Milch*
2 EL	*flüssiger Süßstoff*
100 g	*Butter (oder hochwertige Margarine)*
$^1/_2$ Glas	*säuerliche Marmelade*

- Mehl und Backpulver vermischen und auf ein Backbrett sieben, Nüsse und Zucker dazugeben und in der Mitte eine Vertiefung drücken. Ei, Zimt, gemahlene Nelken, Milch und Süßstoff verrühren, zum Mehl geben. Butter (Margarine) in Flöckchen dazugeben und alles verkneten.
- Den Teig 1 Stunde kalt stellen.
- Den größten Teil des Teiges ausrollen und in eine gefettete Tortenform legen. Den Rand $^1/_2$ cm hoch andrücken. Die Marmelade auf den Teig streichen und mit dem restlichen ausgerollten Teig abdecken.
- Die Oberfläche mit Milch bestreichen und den Kuchen 50–60 Minuten bei ca. 170 °C backen.

Nährwerte pro Stück (bei 12 Stück):
14 g F, 35 mg CH, 30 g KH, 5 g EW, 270 kcal/1130 kJ

Register